말하는 대로 만들어가는 하루

초등
긍정확언
일력
365

정예슬
박정은
이사비나
임가은
황수빈
지음

송은주
그림

북하우스

정예슬
인스타그램 @yeseul_check

전 초등교사. 네이버 카페 '함께성장연구소'와 초등독서논술교실 '예스리딩'을 운영하고 있으며, 인스타그램에서 '예슬첵'으로 활동 중이다. 지은 책으로 『초등 1학년, 스스로 공부가 시작됐다』 『너의 생각을 응원해!』 『슬기로운 독서생활』 등이 있다.

박정은
인스타그램 @ongrow_ssem

초등교사. 서울교육대학교 대학원에서 교육심리 석사학위를 받았다. 지은 책으로는 『초등 필수 인성 배움 사전』(공저)이 있다.

이사비나
인스타그램 @momlovesadhd

중등교사. 유튜브 채널 '이사비나쌤의 ADTV'를 운영하고 있으며, 인스타그램에서 ADHD 교육 콘텐츠를 발행하고 있다. 지은 책으로 『산만한 아이의 공부법은 따로 있다』 『우리 아이가 ADHD라고요?』가 있다.

임가은
인스타그램 @eunrit__ssaem

초등특수교사. 네이버 카페 '은릿쌤의 해냄스위치'를 운영하고 있으며, 인스타그램에서 '은릿쌤'으로 활동하고 있다. 지은 책으로는 『해냄 스위치를 켜면 혼자서도 잘하는 아이가 됩니다』 『거실육아』 『우리 아이 수학 반드시 잘하게 됩니다』 등이 있다.

황수빈
인스타그램 @shineforest27

초등교사. 한국교원대학교 대학원에서 초등음악교육 석사학위를 받았다. 독서인문학지도사 1급, 양육코칭전문가 3급 자격증을 갖고 있다. 브런치스토리 작가로 활동 중이다.

송은주
인스타그램 @eunjuclip

초등교사. 유튜브 채널 '송은주 작가의 은주클립', 블로그 '버드나무글방'을 통해 교육 콘텐츠를 제공하고 있다. 지은 책으로 『나는 87년생 초등교사입니다』 『다시 일어서는 교실』 『1학년이니까 할 수 있어요!』 『토마토마토마토』 등이 있다.

초등 긍정 확언 일력 365

ⓒ정예슬 박정은 송은주 이사비나 임가은 황수빈 2025

초판 발행 2025년 11월 17일

지은이 정예슬 박정은 이사비나 임가은 황수빈
그린이 송은주

책임편집 허영수
영어 감수 Eugene Ko
디자인 이강효
마케팅 이보민 손아영

펴낸곳 (주)북하우스 퍼블리셔스 | **펴낸이** 김정순
출판등록 1997년 9월 23일 제406-2003-055호
주소 04043 서울시 마포구 양화로 12길 16-9(서교동 북앤빌딩)
전화 02-3144-3123 | **팩스** 02-3144-3121
전자우편 editor@bookhouse.co.kr | **홈페이지** www.bookhouse.co.kr
인스타그램 @bookhouse_official

ISBN 979-11-6405-343-8 13590

이 책의 판권은 지은이와 북하우스에 있습니다.
이 책의 내용 전부 또는 일부(삽화 포함)를 재사용하려면 반드시 저작권자와 출판사의 서면 동의를 받아야 합니다.

여러분, 혹시 "나는 할 수 있어!", "나는 정말 소중해!"라고 스스로에게 말해본 적 있나요?

자기 자신에게 긍정적인 말을 해주는 것을 '확언'이라고 해요. 확언은 마치 마법의 주문처럼 우리에게 놀라운 힘을 줘요. 우리가 매일 듣고 말하는 단어들은 마음속에 작은 씨앗처럼 심어져요. 그 씨앗은 우리가 어떤 사람으로 자라날지에 큰 영향을 준답니다.

긍정적인 말은 우리 마음속에 예쁜 꽃을 피우고, 부정적인 말은 시들시들한 잡초를 자라게 해요. 마치 건강한 음식을 먹으면 몸이 튼튼해지는 것처럼, 긍정적인 말은 우리 마음을 튼튼하게 만들어줘요.

『초등 긍정 확언 일력 365』는 1년 365일, 매일매일 긍정적인 마법 주문을 선물하는 특별한 책이에요.

"나는 실수를 통해 배울 수 있어요."

"오늘의 작은 도전이 내일의 큰 성장이 될 거예요."

이런 확언들을 하루하루 따라 외우다 보면, 우리는 스스로를 더 사랑하게 되고, 어떤 어려움이 닥쳐도 씩씩하게 이겨낼 수 있는 용기를 갖게 될 거예요. 마치 슈퍼맨처럼 강한 마음을 가지게 되는 거죠!

31

DECEMBER

나는 내일의 내가 기대돼.
내일의 나를 반갑게 맞이할 거야.

**I look forward to tomorrow
and will do my best today.**

오늘 하루, 이렇게 해볼까요?

- ✓ 내년을 맞이할 '내일의 나'에게 다정한 편지를 써보기
- ✓ 내년에 하고 싶은 일, 기대되는 일, 지키고 싶은 일 세 가지 쓰기

100% 활용 비법

1. 매일매일 긍정 확언 읽기 아침에 일어나서 혹은 잠들기 전에 긍정 확언을 읽어보세요. 아침 식사가 하루를 든든하게 해주듯, 긍정 확인은 하루를 기분 좋게 시작하고 따뜻하게 마무리하는 데 도움을 줄 거예요.

2. 소리 내어 따라 말하기 긍정 확언을 눈으로 읽는 것보다 소리 내어 말하면 효과가 더 커져요. 마치 노래를 부르는 것처럼, 긍정 확언을 따라 말해보세요. 우리 마음속에 더욱 깊이 새겨질 거예요.

3. 확언 관련 작은 실천하기 "나는 감사하는 마음을 가질 거예요"라는 확언을 읽었다면, 오늘 감사했던 일 세 가지를 떠올려보거나 적어보세요. 게임 미션을 완수하듯 즐겁게 긍정적인 마음을 키울 수 있어요.

4. 가족과 함께 읽기 부모님이나 형제자매와 함께 긍정 확언을 읽고 서로에게 칭찬과 응원의 말을 건네보세요. 함께 나누면 긍정의 힘이 두 배가 되고, 가족의 사랑과 믿음도 더 깊어질 거예요.

『초등 긍정 확언 일력 365』와 함께라면 1년 내내 매일 조금 더 행복해질 수 있어요. 혹시 어둠의 그림자가 우리 마음을 힘들게 하더라도 다시 털고 일어설 수 있게 도와주거든요! 긍정 확언은 우리 마음속에 희망과 용기를 심어주고, 밝은 미래로 나아갈 수 있도록 이끌어줄 거예요.

자, 이제 우리 모두 긍정 확언 마법사가 되어볼까요?

30
DECEMBER

나는 나의 성장뿐 아니라, 친구들의 성장을 응원할 거야.

I'll cheer for my friends to grow, not just myself.

오늘 하루, 이렇게 해볼까요?

- ✓ 나의 성장뿐 아니라, 친구의 성장에 관심을 가지고 표현해주기
- ✓ 친구가 잘한 점을 "정말 멋지다!"라고 진심을 담아 말해주기

1
JANUARY

•

습관의 달

새해를 맞이하여 목표를 세우고

좋은 습관을 만들 수 있도록

작은 실천을 쌓아가는 달

처음에는 우리가 습관을 만들지만,
그 다음에는 습관이 우리를 만든다.

We first make our habits,
then our habits make us.

― 존 드라이든

29
DECEMBER

나는 나 자신을 멈추지 않고 사랑할 거야.

I'll never stop loving myself.

오늘 하루, 이렇게 해볼까요?

- ✓ '나의 마음 체온'을 생각하고, 마음 온도를 색칠해보기
- ✓ 나에게 보내는 칭찬 쪽지 필통 안에 넣기(예 오늘 잘한 일, 기특했던 일 등)

1

JANUARY

나는 나를 믿어.
구체적인 계획을 세울 수 있어.

I trust myself. I can set clear goals.

오늘 하루, 이렇게 해볼까요?

✓ 올 한 해 꼭 이루고 싶은 일 세 가지 쓰기
✓ 매일 할 일 '체크 리스트' 작성하기

28
DECEMBER

나는 내 삶의 주인공이야.

I'm the hero of my life.

오늘 하루, 이렇게 해볼까요?

- ✓ 멋있었던 나의 모습을 찾아 적어보기 (예 "떨렸지만 손 들고 발표했어." 등)
- ✓ 내 인생의 대사를 찾아 일기에 적어보기

2

JANUARY

하루 10분의 실천이 큰 변화를 만들 거야.

Just ten minutes a day can make a big difference.

오늘 하루, 이렇게 해볼까요?

- ☑ 집중해서 10분간 책을 읽거나 공부하기
- ☑ 실천한 후 느낌 한마디 적어보기

27
DECEMBER

나는 나에게 부정적인 말보다 긍정적인 말을 들려줄 거야.

I'll use kind words, not negative ones.

오늘 하루, 이렇게 해볼까요?

- ✓ 마음에 들지 않았던 일이 있더라도, "괜찮아"라고 나에게 말해주기
- ✓ 긍정적인 말로 나를 응원해주기(예 "또 틀렸네!" ▶ "배울 기회가 생겼네!")

3

JANUARY

깨끗하게 정리한 공간에서 기분 좋게 공부할 거야.

Studying in a clean space makes me feel good.

오늘 하루, 이렇게 해볼까요?

- ☑ 책상 위에 필요하지 않은 물건 정리하기
- ☑ 오늘 사용할 공부 도구 세 가지만 꺼내어 가지런히 놓기

26

DECEMBER

한 해 동안 나를 도와준 친구를 잊지 않고 기억할 거야.

I will always remember the friends who supported me throughout the year.

오늘 하루, 이렇게 해볼까요?

- ✓ 친구에게 도움받은 순간을 기억하고, 늦게라도 고마운 마음 전하기
- ✓ 친구에게 받았던 도움을 적어두고, 다른 친구에게 실천하기

4

JANUARY

시작이 반!
나는 오늘 시작할 거야.

**Well begun is half done.
I'm starting today.**

오늘 하루, 이렇게 해볼까요?

☑ 하기 싫은 일 한 가지 도전해보기
☑ 시작한 나에게 "잘했어!" 하고 말해주기

25
DECEMBER

나를 지켜주는 분들에게 감사함을 전할 거야.

I'll say thanks to people who help me.

오늘 하루, 이렇게 해볼까요?

- ✓ 주변에서 나를 도와주는 사람들을 위해 작은 선물이나 카드 준비하기
- ✓ "선생님, 감사합니다"라고 직접 말로 감사함을 전하기

5
JANUARY

나는 내 감정을 글로 표현할 수 있어.

I can write down how I feel.

오늘 하루, 이렇게 해볼까요?

- ✓ 나에게 따뜻한 말 한마디 하기
- ✓ 지금의 기분을 색이나 그림으로 표현하기

24
DECEMBER

나는 내 친구의 변화를 알아보고 칭찬해주는 사람이야.

I notice my friend's growth and cheer.

오늘 하루, 이렇게 해볼까요?

- ✓ 한 해 동안 친구가 성장한 점이 무엇인지 한 가지 말해주기
- ✓ 칭찬 노트 릴레이를 학급 활동으로 제안하기

6
JANUARY

실패해도
다시 도전할 거야.

I'll keep trying even if I fail.

오늘 하루, 이렇게 해볼까요?

✓ 어제 못 한 일 한 가지 다시 해보기
✓ 실천한 후 나를 응원하는 문장 써보기

23
DECEMBER

내 모든 하루가 놓칠 수 없는 소중한 날이야.

Every day is special to me.

오늘 하루, 이렇게 해볼까요?

- ✓ 가족 식사 시간에 오늘 감사했던 일을 말해보기
- ✓ 하루가 소중하게 느끼는 방법을 찾아 실천해보기

7

JANUARY

열린 마음으로
어른에게 조언을 구할 수 있어.

**I can ask grown-ups for advice,
ready to listen.**

오늘 하루, 이렇게 해볼까요?

☑ 내가 믿고 존경하는 사람 떠올려보기
☑ 목표를 이루기 위한 방법을 물어보고 조언 듣기

22
DECEMBER

남들이 알아주지 않더라도, 나만이 아는 노력을 칭찬할 거야.

**I will celebrate my effort,
even if I'm the only one
who knows how hard I tried.**

오늘 하루, 이렇게 해볼까요?

- ✓ '나만의 성장 지도' 만들어보기
- ✓ 남들은 모르지만, 나만이 꾸준히 해온 노력을 떠올리고 적어보기

8

JANUARY

새로운 공부 방법을 시도해보고 어떻게 도움이 되는지 알아볼 거야.

I'll try different ways to study and see if they help me.

오늘 하루, 이렇게 해볼까요?

- ✓ 책을 소리 내어 읽어보기
- ✓ 책에서 중요한 부분 밑줄 긋기

21
DECEMBER

나는 올해의 나에게 힘찬 박수를 보낼 거야.

**I clap for myself
for all I did this year.**

오늘 하루, 이렇게 해볼까요?

- ✓ 올해 가장 잘한 일 떠올려보기
- ✓ 잘한 일 리스트 10가지를 작성해서 공책 앞면에 붙여두기

9

JANUARY

매일 시간을 정해놓고 집중해서 공부해볼 거야.

I'll pick a time every day and study hard.

오늘 하루, 이렇게 해볼까요?

✓ 타이머를 활용해 계획한 시간 동안 공부하기
✓ 집중한 시간을 공책에 적어보기

20
DECEMBER

나의 모든 날들이
나를 성장시켰어.

Every day has helped me grow.

오늘 하루, 이렇게 해볼까요?

- ✓ 친구와 서로의 성장을 말하는 '칭찬 인터뷰' 하기
- ✓ 나의 1년 성장 앨범을 가족과 함께 만들어보기

10
JANUARY

화면 보는 시간을 줄이고, 그 시간에 건강한 활동을 할 거야.

I'll spend less time on screens and do healthy things.

오늘 하루, 이렇게 해볼까요?

- ✓ 화면(휴대폰, TV, 태블릿 등) 보는 시간을 10분 줄여보기
- ✓ 화면을 보는 대신 다른 활동 하나를 해보기 (예 줄넘기, 독서 등)

19

DECEMBER

내가 걸어온 길이 자랑스러워. 이 모든 게 주변의 도움 덕분이야.

**I'm proud of my path,
thanks to others who helped me.**

오늘 하루, 이렇게 해볼까요?

- ✓ 담임 선생님, 반 친구에게 감사 카드 쓰기
- ✓ 1년 동안 만났던 고마운 사람을 떠올리며, 감사 일기 쓰기

11
JANUARY

모르는 것이 있으면 질문해서 하나씩 알아볼래.

If I don't understand something, I'll ask and learn step by step.

오늘 하루, 이렇게 해볼까요?

- ✓ 모르는 것이 생기면 그냥 넘기지 않고 꼭 질문해보기
- ✓ "나라면?" 하고 스스로에게 질문해보기

18
DECEMBER

나는 나를 믿어.
쑥스러워도 도전해볼 거야.

**I believe in me.
I'll try even if I'm shy.**

오늘 하루, 이렇게 해볼까요?

- ✓ 발표하고 싶을 때 부끄러워도 용기 내어 손 들어보기
- ✓ 학교 및 학급 내에서 하고 싶은 활동 신청하기

12
JANUARY

나는 새로운 도전을 두려워하지 않아!

I'm not scared to try new things!

오늘 하루, 이렇게 해볼까요?

- ✓ 내가 두려워하는 일 한 가지 써보기
- ✓ 용기를 북돋는 문장을 공책에 써보기

17
DECEMBER

나는 나의 특별함도, 친구의 특별함도 발견할 수 있어.

I can see what's special about me and my friends.

오늘 하루, 이렇게 해볼까요?

- ✓ 나만이 가진 '나만의 특별한 카드' 만들어보기
- ✓ 친구와 '나만의 특별한 카드' 교환해서 읽어보기

13
JANUARY

나는 나만의 루틴을
만들 수 있어.

I can build my own routine.

오늘 하루, 이렇게 해볼까요?

✓ 아침 혹은 자기 전 루틴 만들어보기
✓ 오늘의 루틴을 실천했는지 체크하기

16

DECEMBER

나는 나의 마음을 쓰다듬어주는 사람이야.

I calm my heart with kindness.

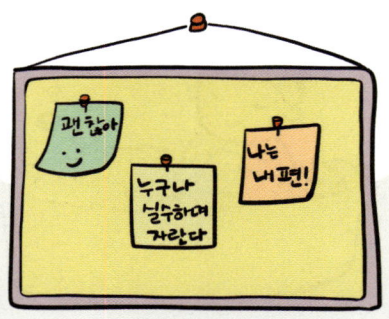

오늘 하루, 이렇게 해볼까요?

- ✓ 기분이 좋지 않은 날, 나를 위한 일 한 가지 하기
- ✓ 책상 위에 긍정의 말이 적힌 포스트잇 붙여두기

14
JANUARY

새해에 새로운 것을 신나게 배워볼 거야.

I'll have fun learning new things this year.

오늘 하루, 이렇게 해볼까요?

- ✓ 새롭게 배워보고 싶은 주제나 분야 한 가지를 정해보기
- ✓ 배우고 싶은 주제에 대해 책과 영상으로 알아보기

15

DECEMBER

나는 나의 지난 1년을 꼭 안아줄 거야.

I'll give myself a hug for all I did last year.

오늘 하루, 이렇게 해볼까요?

- ✓ 1년 동안 내가 성장한 점 적어보기
- ✓ '올해의 나'에게 편지를 쓴 후 친구와 교환하기

15
JANUARY

꾸준하게 한다면
나는 무엇이든 배울 수 있어.

I can learn anything if I keep trying.

오늘 하루, 이렇게 해볼까요?

- ☑ 꾸준한 실천을 도와주는 칭찬 스티커판 만들어보기
- ☑ 일주일 혹은 한 달 단위의 보상 정해보기

14

DECEMBER

나는 오늘도 나답게 잘할 거라고 믿어.

I believe I will do well today, in my own way.

오늘 하루, 이렇게 해볼까요?

- ✓ 나만의 공부 스타일을 생각해보고, 좋은 점은 친구에게 소개하기
- ✓ 발표나 과제에 나만의 고민과 방식을 담아보기

16
JANUARY

나는 매일
새로운 시작을 할 수 있어.

I can make a fresh start every day.

오늘 하루, 이렇게 해볼까요?

- ✓ "오늘은 새로운 날이다"라고 말하며 하루 시작하기
- ✓ 어제 마음에 들지 않았던 일 한 가지를 떠올리고, 오늘 바꿔보기

13
DECEMBER

나는 언제든 다시 시작할 수 있는 사람이야.

I can always start again.

오늘 하루, 이렇게 해볼까요?

☑ 시험이나 발표가 끝난 후, 오늘을 돌아보고 다음 계획을 세우기
☑ 실수하거나 틀린 과제가 있다면 잠시 쉬었다가, 다시 도전해보기

17
JANUARY

나는 안전하고 즐거운 방학을 보낼 거야.

I'll have a safe and fun vacation.

오늘 하루, 이렇게 해볼까요?

✓ 방학 동안 지킬 안전 수칙 세 가지 써보기
✓ 오늘 하루 중 가장 즐거웠던 순간을 그림이나 글로 표현하기

12

DECEMBER

나는 묵묵히 최선을 다할 거야.
이 마음은 정말 소중해.

**I'll quietly do my best.
This heart of mine is truly precious.**

오늘 하루, 이렇게 해볼까요?

- ✓ "나는 꾸준히 성장하는 중이야." 이 문장을 책상 위에 붙여두기
- ✓ 열심히 한 일을 떠올려보고, 스스로에게 칭찬 스티커 주기

18

JANUARY

매일 즐겁게 운동하며 에너지를 얻을 거야.

I'll work out every day and feel strong.

오늘 하루, 이렇게 해볼까요?

- ✓ 내가 좋아하는 운동을 오늘은 꼭 해보기
- ✓ 운동하고 난 후 내 기분과 몸의 느낌을 적어보기

11
DECEMBER

나만은 내 마음의 노력을 알아줄 거야.

I notice and honor my effort.

오늘 하루, 이렇게 해볼까요?

- ✓ 모둠 활동에서 내가 열심히 한 부분을 찾아 스스로에게 칭찬하기
- ✓ 배려, 양보 등 친구에게 건넨 '눈에 안 보이는 노력'을 찾아보기

19
JANUARY

꾸준하게 나의 꿈을 향해 한 걸음씩 더 다가갈 거야.

I'll get closer to my dream, one step at a time.

오늘 하루, 이렇게 해볼까요?

- ✓ "꾸준히 할수록 더 나아질 거야"라고 응원 문장 써보기
- ✓ 꿈에 가까워지기 위한 실천 한 가지 하기

10

DECEMBER

나는 내 감정에
귀 기울이는 사람이야.

I pay attention to how I feel.

오늘 하루, 이렇게 해볼까요?

- ✓ 짜증 날 때 심호흡 한 번, 한 발자국 물러나서 생각하기
- ✓ 지금 내 감정의 색깔은 무엇인지 내 마음 들여다보기

20
JANUARY

새해를 감사와 기쁨으로 가득 채울 거야.

My new year will be full of joy and thank yous.

오늘 하루, 이렇게 해볼까요?

- ✓ 가족이나 친구에게 고마움을 전하는 말을 쪽지에 써서 주기
- ✓ 오늘 하루 중 감사한 일 세 가지를 떠올려서 적어보기

9
DECEMBER

나는 내 속도대로 자랄 거야. 당장 눈앞에 결과가 보이지 않아도 괜찮아.

**I'll grow at my own pace.
Results can wait.**

오늘 하루, 이렇게 해볼까요?

- ✓ 다른 친구와 나를 비교하지 않기
- ✓ 나만이 가진 장점이 무엇인지 찾아내기

21
JANUARY

내가 좋아하는 일들로 즐겁게 방학을 보낼 거야.

I'll have fun in my vacation doing what I love.

오늘 하루, 이렇게 해볼까요?

- ✓ 내가 좋아하는 활동 다섯 가지를 목록으로 적어보기
- ✓ 그중 오늘 꼭 해보고 싶은 활동 한 가지를 해보기

8
DECEMBER

나는 넘어져도
다시 일어나는 사람이야.

I get back up even when I fall.

오늘 하루, 이렇게 해볼까요?

✓ 기대한 만큼 성적이 나오지 않아도 다시 계획 세워보기
✓ 틀린 문제를 다시 천천히 풀어보기

22
JANUARY

내가 세운 새해 목표를 나는 꼭 이루어낼 거야!

I'll make my new year's goal come true!

오늘 하루, 이렇게 해볼까요?

- ✓ 올해 꼭 이루고 싶은 목표를 언제까지 해낼지 기한 정하기
- ✓ 목표를 향해 나아가는 지금의 나에게 칭찬 한마디 써주기

7

DECEMBER

나는 두려움 없이 새로운 것에 도전할 수 있어.

I can try new things without fear.

오늘 하루, 이렇게 해볼까요?

- ☑ 좋아했던 활동 말고 새로운 활동 시도해보기(예 만 보 걷기)
- ☑ 평상시 먹지 않았던 급식 메뉴 도전해보기

23

JANUARY

나는 매일 내 몸에 좋은 선택을 할 거야.

I'm going to make healthy choices every day.

오늘 하루, 이렇게 해볼까요?

✓ 음료수 대신 물 마시기
✓ 등교 전 여유롭게 일어나기

6

DECEMBER

비록 조금씩일지라도, 예전보다 나아진 내가 자랑스러워.

**I'm proud that
I am a little better than before.**

오늘 하루, 이렇게 해볼까요?

- ✓ 예전보다 나아진 점을 스스로 찾아보기(예 글씨 쓰기, 정리 정돈 등)
- ✓ 예전보다 나아진 나를 스스로 충분히 자랑스러워하기

24
JANUARY

나는 새해에 멋진 일을 해낼 거야!

**I'm going to do
awesome things this year!**

오늘 하루, 이렇게 해볼까요?

✓ 거울 앞에 서서 오늘의 긍정 확언을 크게 소리 내어 말해보기
✓ 존경하는 인물의 습관 한 가지를 찾아보고 따라하기

5

DECEMBER

나는 나의 하루를 다정하게 돌아볼 거야.

I can look back on my day with a warm heart.

오늘 하루, 이렇게 해볼까요?

- ✓ 교실 활동 중 뿌듯했던 순간 떠올리기
- ✓ 오늘 잘했던 일을 떠올리며 스스로 칭찬해보기

25
JANUARY

나는 포기하지 않고
매일 조금씩 나아갈 거야!

**I'll keep trying
and get a little better every single day.**

오늘 하루, 이렇게 해볼까요?

- ✓ 포기하고 싶을 때 용기를 되찾는 방법 한 가지 정해보기
- ✓ 나를 응원하는 문장을 만들어 눈에 띄는 곳에 붙이기

4

DECEMBER

부끄러워도 괜찮아.
나는 내 실수를 껴안을 수 있어.

**It's okay to be embarrassed.
I can live with my mistakes.**

오늘 하루, 이렇게 해볼까요?

- ✓ 부끄러웠던 적이 있다면 다음엔 어떻게 할지 생각하기
- ✓ 실수 덕분에 더 많이 배울 수 있다고 나에게 말해주기

26
JANUARY

내 시간은 소중하니까, 의미 있게 보낼 거야.

Each day is special. I'll make it count!

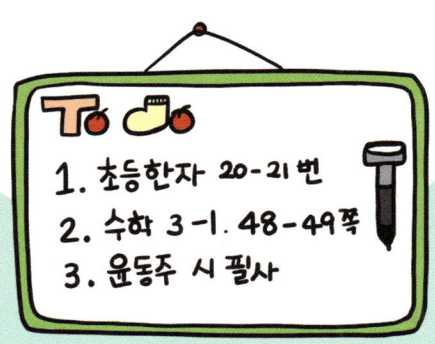

오늘 하루, 이렇게 해볼까요?

- ☑ 오늘 해야 할 일 세 가지를 뽑고, 우선 순위를 정해보기
- ☑ 시간을 잘 쓴 순간과 아쉬웠던 순간을 각각 한 가지씩 떠올려보기

3

DECEMBER

나는 천천히 갈지라도 멈추지 않을 거야.

Even if I go slow, I won't stop.

오늘 하루, 이렇게 해볼까요?

- 책 읽다 중간에 멈췄다면 다시 읽어보기
- 어려운 단원평가 문제를 포기하지 않고 끝까지 고민해보기

27

JANUARY

상쾌한 하루를 위해, 매일 일찍 자고, 푹 잘 거야.

I'll go to bed early and sleep well to have a great day.

오늘 하루, 이렇게 해볼까요?

- ✓ 잠들기 30분 전부터는 전자기기(핸드폰, TV 등)를 쉬게 하기
- ✓ 나만의 수면 루틴 3단계 정해보기(예 세수하기 ▶ 책 읽기 ▶ 조용한 음악 듣기)

2

DECEMBER

나는 나 자신을 따뜻하게 안아주는 사람이야.

I give myself a warm hug.

오늘 하루, 이렇게 해볼까요?

- ✓ 학용품을 잃어버려 속상해도 스스로 "괜찮아"라고 격려하기
- ✓ 실수한 일이 있어도 "그럴 수도 있지!"라고 말해주기

28
JANUARY

매일매일 책 읽는 나, 지혜가 쑥쑥 자랄 거야.

I'll read books every day and get smarter.

오늘 하루, 이렇게 해볼까요?

- ✓ 오늘 읽을 책을 정하고 몇 쪽까지 읽을지 목표 정하기
- ✓ 읽은 내용 중 가장 인상 깊었던 문장 1개를 뽑아 적어보기

1

DECEMBER

나는 오늘도 포기하지 않고 애쓴 나를 칭찬할 거야.

Today, I will hug myself for not giving up.

오늘 하루, 이렇게 해볼까요?

- ✓ 오늘 힘을 냈던 순간을 생각하며 "진짜 멋있었어!"라고 스스로 말해주기
- ✓ 어려운 문제를 풀어보려고 시도한 나를 칭찬해주기

29
JANUARY

비누로 깨끗해진 내 손, 볼 때마다 마음이 뿌듯해.

Every time I see my clean hands, I feel proud.

오늘 하루, 이렇게 해볼까요?

- ✓ 손을 꼭 씻어야 하는 상황 세 가지를 써보기
- ✓ 손을 꼼꼼하게 씻는 법을 찾아보기

12
DECEMBER

•

칭찬의 달

충분히 웃고, 진심을 나누며

서로에 대한 칭찬과

감사함을 나누는 달

친절한 말은 짧고 말하기 쉽지만,
그 울림은 마음속에 오래 남는다.

Kind words can be short and easy to speak,
but their echoes are truly endless.

— 마더 테레사

30
JANUARY

언제나 밝게 인사하는 내가 될 거야.

I'll always say hi with a big smile.

오늘 하루, 이렇게 해볼까요?

- ✓ 인사할 때 내가 어떤 표정을 짓는지 거울로 확인해보고 연습해보기
- ✓ 가족 또는 친구에게 밝고 큰 소리로 첫인사 하기

30

NOVEMBER

나는 할 수 있어.
난 결국 해내는 사람이야!

I can do it. I'll get it done!

오늘 하루, 이렇게 해볼까요?

- ✓ 이번 달 포기하지 않고 해낸 노력 한 가지 써보기
- ✓ 끝까지 노력한 나에게 작은 선물 한 가지 주기

31
JANUARY

한 달 동안 잘 해낸 내가 정말 자랑스러워.

I feel good about what I did this month.

오늘 하루, 이렇게 해볼까요?

- ✓ 1월 동안 실천한 습관 중 가장 잘한 것 한 가지 쓰기
- ✓ 나에게 '칭찬 상장'이나 작은 선물 주기

29
NOVEMBER

시간이 지나면
다 해낼 수 있어.

With time, I can do it all.

오늘 하루, 이렇게 해볼까요?

- ✓ 기다림이 힘이 되는 순간을 느껴보기 (예 1분 동안 가만히 앉아 있어보기)
- ✓ 당장 안 풀리는 문제에 별표를 치고 20~30분 후 다시 풀어보기

FEBRUARY

감사의 달

내 안의 고마움을 꺼내어

세상에 표현하는 달

감사는 평범한 날을 감사한 날로,
일상을 기쁨으로,
작은 기회를 축복으로 바꾸는 힘이 있다.

Gratitude turns ordinary days
into thankfulness, routine jobs into joy,
and ordinary opportunities into blessings.

— 윌리엄 아서 워드

28

NOVEMBER

끝까지 해보는 마음이 나를 강하게 만들어줄 거야.

Steady effort makes me strong.

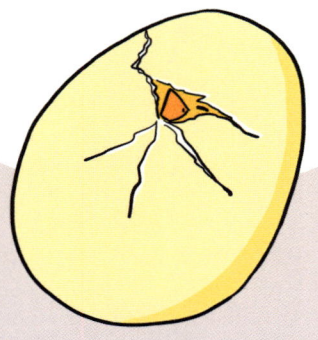

오늘 하루, 이렇게 해볼까요?

- ✓ "못 하겠어" 대신 "아직 안 됐을 뿐이야"로 바꿔서 말하기
- ✓ 아주 사소한 일이라도 오늘 해낸 걸 기억해서 자기에게 말해주기

1

FEBRUARY

감사한 마음으로 맛있게 밥을 먹을 거야.

I'll say 'thank you' for my food and gobble it up!

오늘 하루, 이렇게 해볼까요?

- ✓ 음식을 준비해주신 분께 "감사합니다" 하고 인사하기
- ✓ 식사를 마친 후에, 내가 할 수 있는 뒷정리 도와드리기

27
NOVEMBER

오래 기다리고, 힘이 들더라도 포기하지 않을 거야.

Even if it's hard, I won't quit.

오늘 하루, 이렇게 해볼까요?

- ✓ 포기할까 말까 했던 순간 말해보기
- ✓ 포기하지 않아서 생긴 좋은 일 한 가지 적기

2
FEBRUARY

어려운 문제도 알기 쉽게 쏙쏙, 나는 선생님께 배우는 게 참 좋아.

**My teacher makes hard things easy.
I love learning from her.**

오늘 하루, 이렇게 해볼까요?

☑ 선생님의 눈을 보며 집중해서 수업 듣기
☑ 어려워하는 친구들을 도와주며 선생님께 받은 도움 나누기

26
NOVEMBER

성공은 끝까지 기다릴 줄 아는 사람에게 주는 선물이야.

Success comes as a gift to those who wait and keep going.

오늘 하루, 이렇게 해볼까요?

- ✓ '한 번만 더' 연습하기(예 포기하고 싶을 때 딱 한 번만 더 해보기)
- ✓ 내가 한 노력으로 얻을 수 있는 것을 상상해서 그려보기

3
FEBRUARY

지금 있는 모습 그대로 나는 내 몸이 마음에 들어.

I like my body just the way it is.

오늘 하루, 이렇게 해볼까요?

- ✓ 오늘 내 몸이 해준 일 생각하며 스스로 어깨 토닥이기
- ✓ 몸을 가볍게 스트레칭하며 내 몸에게 "수고했어" 말하기

25

NOVEMBER

한 번에 하기 어려운 일이라면 나눠서 여러 번 해볼 거야.

If it's too hard to do at once, I'll try in parts.

오늘 하루, 이렇게 해볼까요?

- ✓ 5분 집중 타이머 사용하기(5분 집중하고 잠깐 쉬기 ▸ 반복하기)
- ✓ 거북이 계획표 짜기: 긴 과제를 3~4단계로 나눠 계획 세우기

4
FEBRUARY

나를 믿고 기다려준 선생님께 감사의 마음을 표현할 거야.

I'll tell my teacher thank you for believing in me.

오늘 하루, 이렇게 해볼까요?

- ✓ 선생님께 감사 편지 쓰기
- ✓ 선생님을 위한 일 한 가지 하기

24
NOVEMBER

지금 걸어가는 이 길이
나를 원하는 곳으로 데려다줄 거야.

**The road I walk will take me
where I want.**

오늘 하루, 이렇게 해볼까요?

- ✓ 수직선을 긋고 현재 나이에 별표 그리기
- ✓ 지금 꾸준히 하고 있는 것을 이름과 함께 써보기(예 줄넘기를 연습하는 ○○○)

5

FEBRUARY

친구가 어려워할 때, 기꺼이 도와줄 수 있어.

I'll always be there for my friend whenever he struggles.

오늘 하루, 이렇게 해볼까요?

✓ 친구에게 "언제든 도움이 필요하면 말해!"라고 따뜻한 말 건네기
✓ 주변에 도움이 필요한 친구를 먼저 찾아보기

23
NOVEMBER

시간이 좀 더 걸릴 뿐이야.
세상에 불가능한 일은 없어.

**It's just taking longer.
That doesn't mean I can't do it.**

오늘 하루, 이렇게 해볼까요?

- 예전에 못했는데 지금은 할 수 있는 일 적어보기
- 꼭 해내고 싶은 일을 적어 '도전 선언 카드' 만들기(예 줄넘기 50개 도전)

6

FEBRUARY

1년 동안 함께한 친구들에게 고마운 마음을 표현할 거야.

I'll say thank you to my friends for a great year together.

오늘 하루, 이렇게 해볼까요?

- ✓ 친구에게 "고마워" 하고 쪽지를 써서 전달하기
- ✓ 학급 친구들과 즐거웠던 순간 떠올려보기

22
NOVEMBER

나는 내가 생각하는 것보다 훨씬 꾸준한 사람이야.

I'm more steady than I think.

오늘 하루, 이렇게 해볼까요?

- ✓ 그동안 내가 가장 꾸준히 해온 일을 떠올려보기
- ✓ '나는 내가 생각하는 것보다 훨씬 꾸준한 사람이야.' 문장 세 번 적기

7

FEBRUARY

가족들과 함께하는 시간, 마음이 따뜻하고 행복해.

I feel warm and happy with my family.

오늘 하루, 이렇게 해볼까요?

- ✓ 가족과 함께 사진을 찍어 추억 남기기
- ✓ 음식을 함께 준비하고, 함께 정리하기

21
NOVEMBER

계속 하다 보면,
잘하는 사람이 되어 있을 거야.

If I keep practicing, I'll get better.

오늘 하루, 이렇게 해볼까요?

✓ 처음 시작했을 때와 지금의 나를 비교해보기
✓ 예전보다 발전한 나에게 칭찬 편지 쓰기

8

FEBRUARY

밤하늘에 떠 있는 별과 달, 우주는 참 신비로워.

**The stars and moon are so amazing.
Space is full of wonder.**

오늘 하루, 이렇게 해볼까요?

- ✓ 밤하늘을 보고, 그 느낌을 한 문장으로 표현해보기
- ✓ 달의 모양을 그려보거나 색칠해서 기록 남겨보기

20
NOVEMBER

완벽하지 않아도 괜찮아.
꾸준히 하면 빛을 만나게 될 거야.

**I don't have to be perfect.
If I keep going, I'll shine.**

오늘 하루, 이렇게 해볼까요?

- ✓ 익숙하지 않은 왼손(오른손)으로 '완벽하지 않아도 괜찮아' 따라 써보기
- ✓ 잠들기 전, 나에게 '오늘도 충분히 잘했어'라고 말해주기

9

FEBRUARY

나는 실수에서도 배울 점을 찾을 수 있어.

I can learn something from my mistakes.

오늘 하루, 이렇게 해볼까요?

✓ 실수했을 때 "이것도 좋은 경험이야"라고 말해보기
✓ 실수한 뒤 "다음엔 이렇게 해봐야지"라고 다짐하기

19
NOVEMBER

나는 오늘도 걸어가고 있어.
내가 가고 있는 길을 믿어.

I keep walking and trust my path.

오늘 하루, 이렇게 해볼까요?

✓ 친구나 가족 앞에서 나의 미션 선언하기
✓ "내가 지금 하고 있는 일은 ○○에 도움이 돼"라고 말해보기

10

FEBRUARY

얼굴에 와닿는 상쾌한 바람,
오늘은 바람 불어 좋은 날.

**The wind feels fresh on my face.
It's a good day.**

오늘 하루, 이렇게 해볼까요?

✓ 창문을 활짝 열고 집 안을 환기하기
✓ 산책할 때 숨을 크게 들이마시며 공기 느껴보기

18

NOVEMBER

지금까지 내가 한 노력들은
나의 든든한 힘이 되어줄 거야.

My past efforts give me strength.

오늘 하루, 이렇게 해볼까요?

- ✓ 지금까지 해낸 목표나 숙제를 한 장의 그림이나 글로 기록해보기
- ✓ 노력하고 있는 나에게 칭찬하는 쪽지 적어보기

11
FEBRUARY

간식은 친구랑 나누어 먹을 때 더 맛있어.

Snacks taste better when I share with friends.

오늘 하루, 이렇게 해볼까요?

- ✓ 친구에게 "같이 먹으니까 더 맛있다!"라고 이야기해주기
- ✓ 함께 간식을 먹으며 좋아하는 음식이 무엇인지 물어보기

17

NOVEMBER

진정한 용기는
여러 번 다시 시작하는 거야.

Real courage is trying again and again.

오늘 하루, 이렇게 해볼까요?

- ✓ 오늘 다시 도전하고 싶은 일이나 풀고 싶은 문제 하나 정하기
- ✓ 달력에 다시 도전한 날 ★ 표시하기

12
FEBRUARY

가족이 나를 꼭 안아줄 때면, 온 몸 가득 사랑이 느껴져.

**I feel love all over
when my family hugs me.**

오늘 하루, 이렇게 해볼까요?

- ✓ 내가 먼저 가족들을 안아주기
- ✓ 꼭 안아주며 "사랑해"라고 말하기

16

NOVEMBER

오늘의 나는 어제의 나보다 멋진 사람이야.

Today, I am a better me than I was yesterday.

오늘 하루, 이렇게 해볼까요?

- ✓ 어제보다 딱 10초만 더 집중해보기
- ✓ 지금 이 순간 '포기하지 않고 있는 나'를 마음속에 떠올리기

13

FEBRUARY

좋아하는 것을 하는 시간, 언제나 소중하고 감사해.

**It's so great and special
when I get to do the things I love!**

오늘 하루, 이렇게 해볼까요?

- ✓ 활동을 시작하거나 마칠 때 "이 시간 참 좋아"라고 말해보기
- ✓ 좋아하는 활동을 한 후 달력이나 메모장에 표시하기

15

NOVEMBER

내가 흘린 땀과 시간이 매일 쌓여가고 있어.

My time and effort are stacking up, day by day.

오늘 하루, 이렇게 해볼까요?

- ✓ 나의 다짐과 목표를 담은 '타임캡슐' 만들기
- ✓ 타임캡슐 보관 장소 정해서 잘 넣어두기

14
FEBRUARY

나는 작은 도움에도 고마움을 아는 사람이야.

Even a little help makes me happy.

오늘 하루, 이렇게 해볼까요?

✓ 오늘 "고마워"라는 말을 세 번 해보기
✓ 가족이나 친구를 도와주기

14

NOVEMBER

겨울을 딛고 봄이 오면 내 안의 싹이 돋아날 거야.

**After the cold winter,
my inner sprouts will bloom.**

오늘 하루, 이렇게 해볼까요?

✓ 해야 할 일 앞에서는 고민 없이 5초 안에 시작해보기
✓ 포기하고 싶을 땐 멈췄다가, 3분 후 다시 도전해보기

15
FEBRUARY

사계절을 누릴 수 있어서 정말 좋아.

I'm happy I can enjoy all four seasons.

오늘 하루, 이렇게 해볼까요?

☑ 이 계절에만 할 수 있는 놀이 찾아보기
☑ 계절에 맞는 옷 입고 산책하기

13
NOVEMBER

매일 한 걸음씩 나아가면 언젠가 산꼭대기에 설 수 있어.

Step by step, I will reach the mountain top.

오늘 하루, 이렇게 해볼까요?

- ✓ 가족이나 책 속 인물 중에 끈기 있었던 사람 찾아보기
- ✓ 실천하기 전 나만의 시작 주문 만들어보기(예 "3, 2, 1, 고!")

16
FEBRUARY

세상에 재미있는 이야기가 많아서 행복해.

I'm happy there are so many fun stories.

오늘 하루, 이렇게 해볼까요?

✓ 인상 깊었던 내용을 그림이나 글로 독서록에 기록하기
✓ 친구들에게 책 추천해주기

12

NOVEMBER

내 마음속엔 바람이 불어도 꺼지지 않는 촛불이 있어.

**Even when the wind blows,
my little flame keeps glowing inside me.**

오늘 하루, 이렇게 해볼까요?

- ✓ 힘들었지만 포기하지 않은 순간을 그림으로 그려보기
- ✓ 내가 포기하지 않고 시도한 일에 대해 나에게 짧은 편지 써보기

17
FEBRUARY

내가 이미 가진 것들에 감사하며 하루를 시작할 거야.

I'll start my day happy with what I have.

오늘 하루, 이렇게 해볼까요?

- ✓ 오늘 아침 '고마운 것' 세 가지를 떠올리며 하루 시작하기
- ✓ 소중한 나 자신을 위한 일 한 가지 하기

11

NOVEMBER

나와 한 약속을 지킬수록 내 마음은 더욱 단단해져.

Every promise I keep to myself makes me stronger inside.

오늘 하루, 이렇게 해볼까요?

- ✓ 오늘 내가 얼마나 끈기 있었는지 별 1~5개로 표현해보기
- ✓ 끝까지 약속을 지킨 나를 칭찬하는 글 한 줄 적어보기

18

FEBRUARY

매일 새로운 하루를 시작할 수 있어서 정말 신나.

**Every day is a new start.
I feel so happy!**

오늘 하루, 이렇게 해볼까요?

- ✓ 눈 뜨자마자 기지개를 켜면서 활짝 웃기
- ✓ 친구와 눈을 마주치고 웃으며 이야기 나누기

10

NOVEMBER

열 번 실패해도
한 번의 용기로 다시 시작할 수 있어.

**Even if I fail ten times,
one brave step can start it all again.**

오늘 하루, 이렇게 해볼까요?

- ✓ 시도했다 포기했던 이야기를 친구와 나눠보기
- ✓ "나는 ○○을/를 다시 시작할 수 있어!"라고 말해보기

19

FEBRUARY

편안하게 잠들 수 있는 밤, 나는 정말 행복한 사람이야.

A good night's sleep makes me happy.

오늘 하루, 이렇게 해볼까요?

✓ 캄캄해졌을 때 창문 밖으로 보이는 풍경 감상하기
✓ 자고 일어나면 이부자리 정리해보기

9
NOVEMBER

당장 앞이 보이지 않아도, 계속 가면 길이 보이게 될 거야.

**Even if I can't see ahead,
I'll keep walking.**

오늘 하루, 이렇게 해볼까요?

- ✓ 친구와 각자의 목표를 정하고 서로 응원하며 함께 실천해보기
- ✓ 실수하거나 실패했을 때 나에게 응원의 박수 세 번 쳐주기

20
FEBRUARY

가만히 떠올리면
웃음이 나는 일들이 참 많아.

**I have lots of fun memories
that make me smile.**

오늘 하루, 이렇게 해볼까요?

- ✓ 지난 사계절 중 가장 즐거웠던 기억을 그림이나 글로 남기기
- ✓ 친구에게 1년 동안 가장 기억에 남는 일 물어보기

8
NOVEMBER

나는 쉬운 길보다
끝까지 해내는 길을 선택할 거야.

**I'll choose to keep going,
not the easy way.**

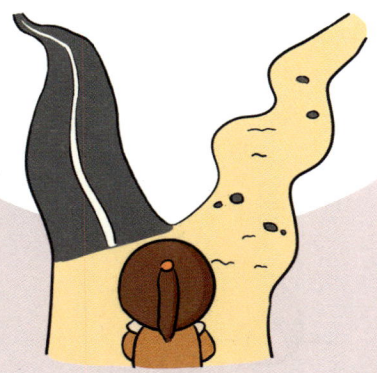

오늘 하루, 이렇게 해볼까요?

- 하루에 정한 목표를 끝낸 날마다 달력에 스티커 붙여보기
- 내가 결정하고 실천하는 장면을 직접 사진이나 그림으로 그리기

21
FEBRUARY

나를 조용히 지켜봐주고 응원해준 부모님께 감사해.

I thank my parents for always being there for me.

오늘 하루, 이렇게 해볼까요?

- ✓ 가족에게 감사 표현하기
- ✓ 조용히 부모님을 위한 일 한 가지 하기

7

NOVEMBER

마음이 흔들릴 때에는, 처음 용기 냈던 순간을 떠올릴 거야.

**If I feel shaky,
I'll remember the first time I was brave.**

오늘 하루, 이렇게 해볼까요?

- ✓ 내가 세웠던 목표 다시 떠올려보기
- ✓ 마음이 흔들릴 때 나에게 들려줄 응원 노래 정하기

22

FEBRUARY

좋은 일도, 힘든 일도, 모두 내 마음을 더 단단하게 만들어줄 거야.

Both good days and tough days make me strong.

오늘 하루, 이렇게 해볼까요?

- ✓ 힘들었지만 극복했던 일 한 가지 생각해보기
- ✓ 잘 해낸 나 자신에게 "수고했어"라고 말하기

6
NOVEMBER

포기하고 싶은 마음이 들면, 깊게 숨을 쉬고 다시 도전할 거야.

**When I feel like giving up,
I take a deep breath and try again.**

오늘 하루, 이렇게 해볼까요?

- ✓ 포기하고 싶을 때 보는 '나만의 카드' 만들기 (예 "멈춰! 숨 한 번, 다시 시작.")
- ✓ 3초 멈춤 호흡 세 번 반복해서 해보기

23

FEBRUARY

처음엔 어렵게 느껴졌던 일들도 조금씩 익숙해질 거야.

Hard things get easier over time.

오늘 하루, 이렇게 해볼까요?

- 예전엔 어려웠지만 지금은 잘하게 된 일 한 가지 찾기
- 새 학년이 되면 극복하고 싶은 일 생각하기

5

NOVEMBER

작은 노력들이 모이면 꿈이 이루어질 거야.

Small efforts can lead to big dreams.

오늘 하루, 이렇게 해볼까요?

- ✓ 내가 이루고 싶은 꿈을 상상하며 돌탑 쌓아보기
- ✓ 꿈을 이루기 위해 내가 할 수 있는 일 생각해보기

24

FEBRUARY

가끔 넘어지고 실패해도, 내겐 다시 해보는 용기가 있어.

**Sometimes I fall,
but I can always try again.**

오늘 하루, 이렇게 해볼까요?

- ☑ 실수했던 일 중 다시 도전해보고 싶은 것 생각하기
- ☑ "나는 할 수 있다"라고 나 자신에게 말해주기

4

NOVEMBER

못 할 것 같아도,
끝까지 해내면 새로운 힘이 생겨.

**Finishing difficult things
gives me strength.**

오늘 하루, 이렇게 해볼까요?

- ✓ 할 수 없을 것 같은 일을 종이에 적기
- ✓ 종이에 적은 것 찢으며 용기 얻기

25

FEBRUARY

골고루 잘 먹는 나, 다양한 음식을 즐길 수 있어.

I like eating all kinds of food.

오늘 하루, 이렇게 해볼까요?

✓ 좋아하는 과일이나 채소 말해보기
✓ 오늘 하루는 인스턴트 음식 먹지 않기

3

NOVEMBER

나도 나무처럼 천천히, 하지만 꾸준히 자라고 있어.

I may be slow, but I never stop growing.

오늘 하루, 이렇게 해볼까요?

- ✓ 어제보다 조금이라도 나아진 점을 하나 적어보기
- ✓ 오늘의 나를 잘 돌보기(예 물 마시기, 잠깐 쉬기)

26

FEBRUARY

안전하게 뛰어놀 수 있는 동네 공원이 있어서 다행이야.

I'm happy we have a safe park in my neighborhood.

오늘 하루, 이렇게 해볼까요?

- ✓ 놀이터나 동네 공원에서 감사한 마음으로 놀기
- ✓ 혼자 노는 친구가 있다면 먼저 같이 놀자고 말해보기

2
NOVEMBER

성공은 포기하지 않는 거야.

Success is never giving up.

오늘 하루, 이렇게 해볼까요?

- ✓ 어제 미뤘거나 어려웠던 일 다시 한번 도전해보기
- ✓ 실패한 것보다 다시 시작하는 것에 집중하기(예 오늘은 세 번째 도전이야!)

27
FEBRUARY

책과 인터넷은 참 소중해.
많은 것을 배울 수 있어.

**Books and the internet are great.
I can learn so much from them.**

오늘 하루, 이렇게 해볼까요?

✓ 모르는 단어, 국어사전에서 찾아보기
✓ 궁금한 동식물, 인터넷 백과사전에서 찾아보기

1

NOVEMBER

나는 내 목표를 위해 꾸준히 노력할 거야.

I'll keep working on my goals.

오늘 하루, 이렇게 해볼까요?

- ✓ 이번 달에 이루고 싶은 목표 한 가지를 정하기
- ✓ 이번 달 마지막 날, 목표를 이룬 나의 모습을 상상하기

28

FEBRUARY

혼자 조용히 생각할 수 있는 나만의 시간을 만들 거야.

I'll have a quiet time just for me.

오늘 하루, 이렇게 해볼까요?

- ✓ 혼자 조용히 앉아 1분 동안 눈 감고 쉬어보기
- ✓ 아무 생각 하지 않고 창문 밖 하늘이나 나무 바라보기

11
NOVEMBER

•

끈기의 달

한 해를 잘 마무리할 수 있도록
끝까지 해내는 힘을 키우기 위해
스스로 격려하고 용기를 주는 달

**나는 천재가 아니다.
다만, 더 오래 고민할 뿐이다.**

It's not that I'm so smart,
it's just that I stay with problems longer.

— 알베르트 아인슈타인

29
FEBRUARY

방학 동안 새로운 것을 배우고 알아갈 수 있어서 감사해.

I'm glad I can learn new things during my vacation.

오늘 하루, 이렇게 해볼까요?

- 이번 방학 동안 새롭게 알게 된 것이나 좋았던 것 한 가지 말하기
- 다음 방학에 꼭 가보고 싶거나 배우고 싶은 것 한 가지 정하기

31
OCTOBER

서로의 힘을 믿고 나눌 때, 우리는 더 멀리 나아갈 수 있어.

When we trust and share, we can go further.

오늘 하루, 이렇게 해볼까요?

✓ 모둠 활동에서 친구가 잘할 수 있는 일을 믿고 맡기기
✓ 짝이나 모둠 활동을 마친 후 "네 덕분에 더 잘 해냈어"라고 말하기

MARCH

•

용기의 달

새 학년, 새 친구, 새 교실에서
용기 내어 한 걸음 나아가는 달

용기는 두려움을 없애는 게 아니라,
두려움 속에서도 한 걸음 내딛는 것이다.

Courage is not the absence of fear,
but the decision to move forward despite it.

— 넬슨 만델라

30
OCTOBER

함께 땀 흘리며 힘을 낼수록, 함께 웃는 순간은 더 많아질 거야.

The more we sweat and work hard, the more we laugh together.

오늘 하루, 이렇게 해볼까요?

- ✓ 학교 행사에서 실수해도 서로 격려하기
- ✓ 협동 게임이나 단체 활동을 마친 뒤, 모두에게 "잘했어!"라고 말하기

1
MARCH

나는 새로운 교실에서도 나답게 잘 해낼 수 있어.

I can be myself and do great in the new classroom.

오늘 하루, 이렇게 해볼까요?

☑ 내 자리와 사물함을 깨끗이 정리하기
☑ 공손하게 선생님께 인사하기

29
OCTOBER

우리 모두 힘을 모으면, 멋진 일을 해낼 수 있어.

Together we can do awesome things.

오늘 하루, 이렇게 해볼까요?

- ✓ 우리 반 게시판에 넣고 싶은 아이디어를 모아보기
- ✓ 스포츠 경기에서 힘차게 한 팀이 되어 구호 외치기

2

MARCH

나는 새로운 친구들에게 먼저 인사하고 친절을 베풀 거야.

I'll say hi to my new friends first and be kind to them.

오늘 하루, 이렇게 해볼까요?

☑ 옆 자리 친구에게 먼저 인사하기
☑ 이름을 모르는 친구에게 먼저 이름을 물어보기

28

OCTOBER

운동장에서 친구들과 함께 자유롭고 행복하게 놀 거야.

I'll play freely and happily with friends outside.

오늘 하루, 이렇게 해볼까요?

- ✓ 운동장에서 팀 놀이를 할 때 규칙을 잘 모르는 친구에게 설명해주기
- ✓ 반 친구들과 새로운 놀이를 함께 만들어보기

3

MARCH

나는 시간표를 보고, 수업 준비를 스스로 할 수 있어.

**I can check my schedule
and get ready for class on my own.**

오늘 하루, 이렇게 해볼까요?

- ✓ 오늘의 시간표를 보고 교과서 미리 준비하기
- ✓ 필요한 준비물을 수업 시작 전에 준비하기

27

OCTOBER

나는 친구의 속도에 맞춰 차분하게 기다릴 수 있어.

**I can be patient
and wait at my friend's pace.**

오늘 하루, 이렇게 해볼까요?

- ✓ 친구의 속도가 느려도 재촉하지 않고 기다리기
- ✓ 속도가 느린 친구에게는 "괜찮아, 천천히 해도 돼"라고 말하기

4
MARCH

나는 모르는 것이 있을 때 용기 내서 질문할 수 있어.

I can be brave and ask questions when I don't understand.

오늘 하루, 이렇게 해볼까요?

- ✓ 궁금한 점에 대해 손 들고 질문해보기
- ✓ 친구에게 좋아하는 음식이 무엇인지 물어보기

26

OCTOBER

친구와 마음이 어긋날 땐, 천천히 맞춰보면 돼.

When I don't match with someone, I can take time to adjust.

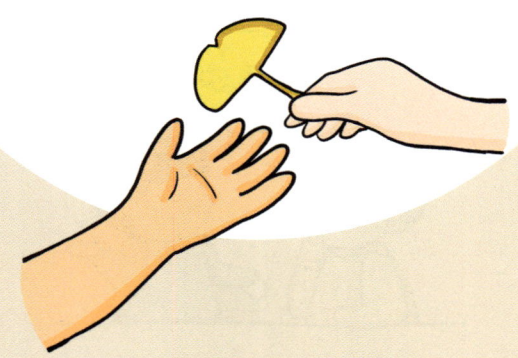

오늘 하루, 이렇게 해볼까요?

☑ 어색한 친구와 밝게 인사해보기
☑ 친구와 오해가 있다면 먼저 대화를 시도해보기

5
MARCH

실수해도 괜찮아.
다시 해보는 내가 참 멋져.

**It's okay to make mistakes.
I feel awesome when I try again.**

오늘 하루, 이렇게 해볼까요?

- ✓ 문제가 안 풀리면 심호흡을 세 번 하고 다시 또 해보기
- ✓ 친구에게 실수했을 때 마음을 담아 사과하기

25

OCTOBER

우리 반은 한 팀이 되어 함께 걸어갈 거야.

Our class is one team, walking forward together.

오늘 하루, 이렇게 해볼까요?

- 반 친구들 모두의 장점을 하나씩 적어보기
- 우리 반을 대표하는 긍정적인 단어를 찾아보기

6

MARCH

나는 새로운 반에서 즐거움을 찾을 거야.

I can have fun in my new class.

오늘 하루, 이렇게 해볼까요?

- ✓ 운동장에서 재미있는 놀이를 찾아 친구와 함께 해보기
- ✓ 쉬는 시간에 좋아하는 종이접기를 하나 만들어 친구에게 소개하기

24
OCTOBER

친구를 돕는 건
내 특기 중 하나야.

Helping friends is one of my best skills.

오늘 하루, 이렇게 해볼까요?

✓ 친구를 도와주는 나의 모습을 일기에 그림으로 그리기
✓ 친구를 도와준 일을 가족에게 말해보기

7

MARCH

처음 보는 음식도 씩씩하게 한 입 먹어볼 거야.

I'll be brave and try a new food.

오늘 하루, 이렇게 해볼까요?

- ✓ 아침에 급식표를 확인하여 도전할 반찬 표시하기
- ✓ 그동안 먹지 않았던 반찬을 먹어보고 부모님께 자랑하기

23

OCTOBER

마음을 나누면,
행복은 두 배가 돼.

**When we share our hearts,
our happiness doubles.**

오늘 하루, 이렇게 해볼까요?

- ✓ 오늘 있었던 좋은 일 하나를 친구와 이야기해보기
- ✓ 친구가 웃을 때 함께 웃어보기

8
MARCH

우리 반의 새로운 규칙들을 익히고 지키려고 노력할 거야.

I'll learn the new class rules and do my best to follow them.

오늘 하루, 이렇게 해볼까요?

- ✓ 교실에서 차분히 걸어 다니기
- ✓ 복도에서 우측통행 하기

22

OCTOBER

친구의 입장에서
생각하고 말해볼 거야.

**I'll think about how my friend feels
and talk with kindness.**

오늘 하루, 이렇게 해볼까요?

- ✓ 말하기 전에 '내가 저 말을 들으면 어떨까?' 생각해보기
- ✓ 친구에게 부드럽게 말하는 연습 세 번 해보기

9

MARCH

나는 차분한 목소리로 내 생각을 표현할 수 있어.

I can share my thoughts in a calm voice.

오늘 하루, 이렇게 해볼까요?

- ✓ 오늘의 기분을 친구에게 말로 전하기
- ✓ 친구와 의견이 다를 때 "내 생각은 이래"라고 차분하게 말하기

21
OCTOBER

서로서로 아끼는 우리 반, 세상에서 가장 멋진 반이야.

Caring for each other makes our class the best.

오늘 하루, 이렇게 해볼까요?

- ✓ 모둠이나 짝 활동에서 조용히 다른 친구의 준비를 도와주기
- ✓ 고마운 친구에게 말로 고마움을 표현하기

10

MARCH

마음이 떨릴 때에도 나는 한 걸음 내딛을 수 있어.

Even when I'm nervous, I can take a brave step.

오늘 하루, 이렇게 해볼까요?

- ✓ 새로운 짝에게 좋아하는 놀이 물어보기
- ✓ 교문 앞에서 하늘을 보고 "나는 할 수 있어" 마음속으로 외치기

20
OCTOBER

서로 도와주고 함께 웃으며, 우리는 함께 성장하고 있어.

Helping and laughing together helps us grow.

오늘 하루, 이렇게 해볼까요?

- ✓ 모둠 활동에서 친구의 역할도 함께 도와주기
- ✓ 친구가 모둠 발표를 망설일 때 함께 연습하며 돕기

11

MARCH

나는 마음속 걱정을 스스로 다독일 수 있어.

I can make myself feel better when I'm worried.

오늘 하루, 이렇게 해볼까요?

- ✓ 걱정되는 일이 떠오르면 조용히 심호흡 세 번 해보기
- ✓ 불안한 마음을 종이에 그리거나 짧게 적어보기

19

OCTOBER

내가 먼저 나서서 도와줄수록 내 마음은 더 단단해져.

**The more I help first,
the stronger I feel.**

오늘 하루, 이렇게 해볼까요?

- ✓ 청소 시간에 창틀의 먼지를 닦아보기
- ✓ 학급을 위해 봉사 한 가지를 하고 일기에 기분을 기록하기

12

MARCH

오늘은 어제보다 한 가지 더 용감한 행동을 해볼 거야.

Today, I'll be braver than yesterday and try something new.

오늘 하루, 이렇게 해볼까요?

- ✓ 쉬는 시간에 평소 안 하던 놀이에 참여해보기
- ✓ 평소 놀지 않았던 친구에게 "같이 놀래?" 하고 물어보기

18

OCTOBER

힘을 모으는 것은 언제나 멋져.
친구들의 노력을 힘껏 응원할 거야.

**Teaming up is great!
I'll cheer my friends on.**

오늘 하루, 이렇게 해볼까요?

- ✓ 스포츠 경기에서 다른 반 친구들도 응원하기
- ✓ 다른 반 친구들의 노력에 "수고했어!"라고 말해주기

13
MARCH

어려운 순간에는 스스로에게 할 수 있다고 말해줄 거야.

**When it's tough,
I'll tell myself, "I can do it!"**

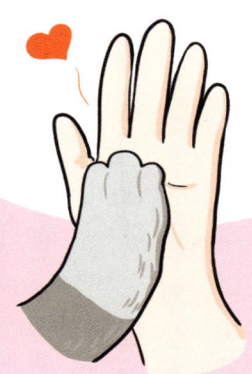

오늘 하루, 이렇게 해볼까요?

- ✓ 발표하기 전에 "나는 할 수 있어"라고 속으로 말해보기
- ✓ 나를 위한 응원 메시지를 적어 필통에 넣어두기

17
OCTOBER

먼저 양보를 하면,
내 마음은 더 따뜻해져.

**When I share first,
my heart feels warmer.**

오늘 하루, 이렇게 해볼까요?

- ✓ 줄을 설 때 경쟁하지 않고 친구에게 먼저 자리를 양보하기
- ✓ 놀이 규칙이나 순서를 정할 때 친구들의 의견도 적극적으로 듣기

14

MARCH

친구들도 나처럼 처음이야.
우린 모두 점점 더 잘할 수 있어.

**My friends are also beginners like me.
We can all get better and better.**

오늘 하루, 이렇게 해볼까요?

- ✓ 발표를 마친 친구에게 박수 쳐주기
- ✓ 오늘 하루도 수고한 나에게 "잘했어"라고 말해주기

16
OCTOBER

나는 때때로 친구를 먼저 생각할 줄 아는 사람이 될 거야.

**Sometimes,
I can think of my friends first.**

오늘 하루, 이렇게 해볼까요?

✓ 친구가 싫어하는 행동을 기억하고, 바로 멈추기
✓ 친구의 기분을 먼저 생각하고 말하기

15
MARCH

매일 등교하는 성실한 나, 정말 대견하고 자랑스러워.

I'm proud of myself for going to school every day.

오늘 하루, 이렇게 해볼까요?

- ✓ 교실에 10분 일찍 등교해서 준비하기
- ✓ 1교시에 집중해서 수업에 참여하기

15

OCTOBER

서로서로 도울수록, 우리 반 친구들은 더 성장할 거야.

**The more we help one another,
the more our class grows.**

오늘 하루, 이렇게 해볼까요?

✓ 교실의 바닥 쓰레기를 주워서 버리기
✓ 수업이 끝나면 칠판을 깨끗이 지워보기

16

MARCH

나는 나만의 속도대로 성장하고 있어.

I'm growing at my own pace.

오늘 하루, 이렇게 해볼까요?

- ✓ 친구와 비교하지 않고 어제보다 나아진 나를 발견하기
- ✓ 문제를 풀 때 천천히 생각하며 끝까지 마무리하기

14

OCTOBER

친구의 짐을 함께 들면, 함께 걷는 길이 즐거울 거야.

Carrying things together makes walking more fun.

오늘 하루, 이렇게 해볼까요?

- ✓ 친구의 교과서나 가방을 함께 나눠 들어주기
- ✓ 청소하는 친구를 도와주기

17

MARCH

나는 친구가 슬퍼 보일 때 다가가서 위로할 수 있어.

I can cheer my friends up when they feel sad.

오늘 하루, 이렇게 해볼까요?

- ✓ 혼자 있는 친구에게 말 걸어보기
- ✓ 친구가 어려워하는 일을 먼저 발견하고 도와주기

13
OCTOBER

나의 배려가 친구의 하루를 환하게 비춰줄 수 있어.

My kindness can brighten a friend's day.

오늘 하루, 이렇게 해볼까요?

- ✓ 친구의 물건을 챙겨주기
- ✓ 친구에게 양보를 했을 때 어떤 기분이 들었는지 공책에 기록하기

18
MARCH

마음대로 안 돼도 끝까지 해볼래. 오늘도 도전!

Even when it's hard, I'll keep on trying!

오늘 하루, 이렇게 해볼까요?

- ✓ 어제 틀렸던 문제를 다시 풀어보기
- ✓ 실수로부터 배운 점 한 가지를 공책에 적어보기

12
OCTOBER

옆에 있어주는 것만으로도 서로에게 큰 힘이 될 거야.

Just sitting beside someone can give big comfort.

오늘 하루, 이렇게 해볼까요?

✓ 힘들어 보이는 친구 옆에 앉아 함께 숙제나 활동하기
✓ 모둠 활동을 어려워하는 친구에게 "같이 하자" 하고 먼저 이야기하기

19
MARCH

작게 시작해도 결국 멋진 일이 될 거야.

Even a small start can lead to something amazing.

오늘 하루, 이렇게 해볼까요?

- ✓ 아침에 시간표대로 교과서 미리 챙겨두기
- ✓ 도서관에서 10분 동안 독서하기

11
OCTOBER

내가 먼저 내민 손은 친구와 내 마음을 이어주는 다리가 될 거야.

**When I reach out first,
a bridge connects our hearts.**

오늘 하루, 이렇게 해볼까요?

- ✓ 친구가 준비물이 없을 때 조용히 하나 건네기
- ✓ 오늘 내가 먼저 도와준 순간을 일기에 기록하기

20
MARCH

친구에게 먼저 다가가 함께 놀자고 말할 수 있어.

I can ask a friend, "Wanna play?"

오늘 하루, 이렇게 해볼까요?

- ✓ 친구가 하고 싶어 하는 놀이를 10분 동안 함께 하기
- ✓ 점심시간에 친구에게 "같이 놀래?" 하고 먼저 물어보기

10
OCTOBER

나는 나답게, 친구는 친구답게, 우리는 멋진 한 팀이 될 거야.

We're different but we're a great team.

오늘 하루, 이렇게 해볼까요?

- ✓ 친구의 장점을 찾아서 한 가지 말해주기
- ✓ 반 친구들을 위해 내가 도울 수 있는 일 찾아보기

21
MARCH

잘하지 못하는 과목도 나는 꾸준히 연습할 거야.

I'll keep practicing even the subjects I'm not good at.

오늘 하루, 이렇게 해볼까요?

- ☑ 이해되지 않는 부분은 다시 읽고 선생님께 질문해보기
- ☑ 어려운 문제 하나를 집중해서 해결해보기

9

OCTOBER

넘어진 친구가 있다면 손을 내밀어줄 거야.

If someone falls, I can offer my hand.

오늘 하루, 이렇게 해볼까요?

- ✓ 힘들어 보이는 친구에게 다가가 "괜찮아?"라고 물어보기
- ✓ 친구가 기죽어 있으면 "넌 할 수 있어!"라고 격려하기

22
MARCH

나는 도움이 필요할 때 "도와주세요"라고 말할 수 있어.

**If I need help, I can say,
"Can you help me, please?"**

오늘 하루, 이렇게 해볼까요?

- ✓ 모둠 활동 중 어려울 때 친구에게 "도와줄래?" 하고 물어보기
- ✓ 선생님께 "시간을 더 주실 수 있을까요?" 하고 요청하기

8

OCTOBER

친구와 함께 교실을 정리하며 상쾌한 기분을 느껴볼 거야.

Cleaning the classroom with friends makes me feel fresh.

오늘 하루, 이렇게 해볼까요?

- ✓ 친구와 함께 자리 주변 정리하기
- ✓ 청소 후 친구와 하이파이브 하기

23
MARCH

나는 친구들과 함께 새로운 놀이를 시도해볼 거야.

I'll try new games with friends.

오늘 하루, 이렇게 해볼까요?

- 친구들이 하고 있는 놀이에 "나도 해도 돼?"라고 말해보기
- 내가 알고 있는 놀이를 친구에게 제안해보기

7
OCTOBER

나는 도움을 주고받을 줄 아는 사람이야.

I know how to give and receive help.

오늘 하루, 이렇게 해볼까요?

✓ 친구에게 "도와줄까?"라고 먼저 말해보기
✓ 도움을 받는다면 "고마워"라고 말하며 미소 짓기

24
MARCH

뾰족한 말에 상처를 받아도 나는 내 마음을 지킬 수 있어.

**Even if words hurt me,
I can stay strong.**

오늘 하루, 이렇게 해볼까요?

- ✓ 속상한 말을 들었을 때, 그림이나 글로 표현해보기
- ✓ 마음속으로 "나는 소중해"라고 세 번 외치기

6
OCTOBER

서로 다른 생각도 모으면 멋진 아이디어가 돼.

When we put different ideas together, they become something amazing.

오늘 하루, 이렇게 해볼까요?

- ✓ 친구와 아이디어를 섞어 계획 세우기
- ✓ 친구의 아이디어가 마음에 들지 않아도 "그것도 괜찮네!"라고 말해주기

25
MARCH

마음이 불편할 때 지혜롭게 친구에게 내 마음을 전달할 거야.

**When I feel bad,
I'll share my feelings in a kind way.**

오늘 하루, 이렇게 해볼까요?

- ✓ 하고 싶지 않은 일에는 친구가 기분 나쁘지 않게 거절하기
- ✓ 친구가 내 기분을 상하게 했을 때, 다르게 표현하도록 요청하기

5

OCTOBER

작은 역할일지라도
책임감 있게 해낼 거야.

**Even small jobs,
I'll do with responsibility.**

오늘 하루, 이렇게 해볼까요?

- ✓ 맡은 역할을 스스로 점검하고 마무리하기
- ✓ 활동이 끝난 후 친구가 한 일에 대해 칭찬하기

26

MARCH

낯선 교실에서도 나답게 행동할 수 있어.

I can be myself even in a new class.

오늘 하루, 이렇게 해볼까요?

- ✓ 아침에 등교해서 칠판 주변을 정리하기
- ✓ 교실에서 내가 가장 좋아하는 것 찾아보기

4

OCTOBER

친구의 말에 귀를 기울이면 더 좋은 생각이 떠오를 거야.

Listening to friends brings good ideas.

오늘 하루, 이렇게 해볼까요?

- ✓ 친구가 말할 때 눈을 바라보며 듣기
- ✓ 친구에게 "좋은 생각이야!"라고 말해주기

27
MARCH

친구가 미숙하더라도 비난하지 않고 도와줄 수 있어.

I don't blame my friends. I help them.

오늘 하루, 이렇게 해볼까요?

- ✓ 친구가 발표하기 어려워할 때, 미소로 응원해주기
- ✓ 모둠 활동에서 친구가 느리게 해도 괜찮다고 해주기

3

OCTOBER

알록달록 다채로운 물감처럼 우리는 함께일 때 더 아름다워.

Different colors make the best picture, just like us.

오늘 하루, 이렇게 해볼까요?

- ✓ 모둠 활동에서 서로 다른 아이디어를 모아보기
- ✓ 그림이나 글을 친구와 함께 꾸며보기

28

MARCH

나는 내가 만든 작은 약속을 꾸준히 지킬 수 있어.

**I can keep the little promises
I make to myself.**

오늘 하루, 이렇게 해볼까요?

✓ 새 학기 다짐을 다시 한번 적어보기
✓ 오늘 꼭 지킬 수 있는 한 가지 약속 실천해보기

2

OCTOBER

나의 자그마한 도움이
친구의 마음에 햇살처럼 닿을 거야.

**My small help can touch
my friend's heart like sunshine.**

오늘 하루, 이렇게 해볼까요?

- ✓ 친구의 책상이나 필통 정리를 도와주기
- ✓ 친구가 어려워하는 부분 함께 살펴보기

29
MARCH

나는 다른 반 친구와도
눈을 보고 먼저 인사할 수 있어.

**I can smile and say hi to kids
from other classes.**

오늘 하루, 이렇게 해볼까요?

- ✓ 옆반의 친구에게 먼저 아침 인사를 건네보기
- ✓ 선배 언니(누나), 오빠(형)에게 "안녕" 하고 인사해보기

1

OCTOBER

친구들과 손을 잡으면, 마음도 하나하나씩 맞춰져.

When I hold hands with my friends, our hearts come together too.

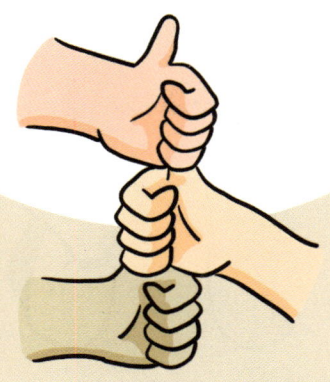

오늘 하루, 이렇게 해볼까요?

- ✓ 짝이랑 나란히 걸으며 이야기 나누기
- ✓ 친한 친구에게 인사하며 악수 권하기

30
MARCH

자리에서 일어나고 싶더라도, 조용히 기다릴 수 있어.

**I can sit and wait,
even if I want to move.**

오늘 하루, 이렇게 해볼까요?

✓ 일어나고 싶을 때, 속으로 다섯까지 세며 기다려보기
✓ 앉아 있는 동안 할 수 있는 조용한 활동 한 가지 정하기

10
OCTOBER

●

협력의 달

나, 너, 우리

생각이 달라도 마음을 모아

서로를 빛나게 하는 달

**위대한 일은 결코 혼자서 이뤄지지 않는다.
늘 함께하는 사람들이 해낸다.**

Great things in business are never done by one person.
They're done by a team of people.

— 스티브 잡스

31
MARCH

한 달 동안 새로운 반에서 건강히 잘 지낸 내가 자랑스러워!

I did great in my new class this month, and I'm proud of myself!

오늘 하루, 이렇게 해볼까요?

- 새롭게 친해진 친구에게 짧은 편지 쓰기
- 예전에는 어려웠는데 이제는 익숙해진 것 한 가지 말해보기

30

SEPTEMBER

마음을 한 곳에 모으면, 더 좋은 결과를 얻게 될 거야.

When I focus, I get better results.

오늘 하루, 이렇게 해볼까요?

✓ 오늘 순수하게 집중한 시간 재보기
✓ 집중한 나를 돌아보고 성취감을 느껴보기

4
APRIL

•

배려의 달

친구를 이해하고

서로의 강점을 배우며

따뜻한 마음을 나누는 달

**아무리 작은 친절과 배려도
결코 헛되지 않다.**

No act of kindness, no matter how small, is ever wasted.

— 이솝

29
SEPTEMBER

생각을 깊이 할수록, 반짝반짝 멋진 생각들이 떠올라.

**The deeper I think,
the brighter my ideas shine.**

오늘 하루, 이렇게 해볼까요?

- ✓ 생각이 필요한 문제를 집중해서 풀어보기
- ✓ 전보다 나아진 점을 찾아 칭찬해보기

1
APRIL

나는 친구의 마음이 어떤지 이해하려고 노력할 거야.

I will try to understand how my friend feels.

오늘 하루, 이렇게 해볼까요?

- ✓ 친구가 슬퍼 보일 때 그 이유 물어보기
- ✓ "괜찮아"라고 위로의 말 건네기

28

SEPTEMBER

몸의 움직임에 집중하면
나날이 운동 실력이 좋아질 거야.

**Focusing on movement
makes me stronger at sports.**

오늘 하루, 이렇게 해볼까요?

- ✓ 운동 전 내 몸에 집중하여 스트레칭하기
- ✓ 새롭게 배우는 동작 10번 반복 연습하기

2
APRIL

친구가 좋아하는 놀이, 나도 함께 신나게 즐길 거야.

I'll play my friend's favorite games and have lots of fun.

오늘 하루, 이렇게 해볼까요?

- ✓ 친구가 좋아하는 놀이에 10분 참여해보기
- ✓ 친구와 재밌게 놀 수 있게, 필요한 역할 내가 맡아주기

27

SEPTEMBER

나는 눈으로 보고, 귀로 듣고, 마음으로 이해해.

I see with my eyes, hear with my ears, and understand with my heart.

오늘 하루, 이렇게 해볼까요?

- ✓ 들은 내용을 머릿속으로 한 번 더 떠올리기
- ✓ 새로 배운 것, 더 알고 싶은 것을 정리해서 써보기

3
APRIL

나는 순서를
잘 지킬 수 있어.

I can wait my turn.

오늘 하루, 이렇게 해볼까요?

✓ 급식 줄에 먼저 줄 서려고, 앞질러 뛰어가지 않기
✓ 내 순서가 올 때까지 차분히 기다리기

26

SEPTEMBER

손 끝에 힘을 바르게 주면, 글씨를 또박또박 잘 쓸 수 있어.

If I press my fingers just right, I can write neatly.

오늘 하루, 이렇게 해볼까요?

- ✓ 글씨를 또박또박 천천히 써보기
- ✓ 글씨를 다 쓴 후 스스로 확인해보기

4
APRIL

친구와 놀다가 다툼이 생기면 일단 멈추고, 대화를 나눌 거야.

**If I feel like arguing,
I'll stop and talk instead.**

오늘 하루, 이렇게 해볼까요?

✓ 화내지 않고 "우리 잠깐 멈추고 이야기하자"라고 말하기
✓ 하고 싶은 놀이가 다를 때 친구의 의견을 들어주기

25

SEPTEMBER

서두르지 않고 차분하게 하면 실수가 줄어들 거야.

**If I don't rush,
I make fewer mistakes.**

오늘 하루, 이렇게 해볼까요?

- ✓ 문제를 푼 후 틀린 부분 다시 확인하기
- ✓ 글쓰기 후 맞춤법을 확인해보기

5
APRIL

나는 우리 모두를 위해 깨끗한 학교를 만들 거야.

I'll help keep our school clean for everyone.

오늘 하루, 이렇게 해볼까요?

- ✓ 급식 먹은 뒤 식판을 가지런히 정리하기
- ✓ 짝꿍이 지우개 가루나 종이 조각을 흘리면 같이 치워주기

24

SEPTEMBER

내 마음에 귀를 기울이면, 하고 싶은 말이 더 잘 떠올라.

**When I listen to my heart,
the right words come to me.**

오늘 하루, 이렇게 해볼까요?

- ✓ 내 생각에 집중하고 정리한 뒤 발표해보기
- ✓ 타이머로 1분을 맞추고 한 가지 주제에 대해 생각해보기

6

APRIL

친구가 잘 모르겠다고 하면 친절하게 알려줄 수 있어.

**If my friend doesn't know,
I can explain kindly.**

오늘 하루, 이렇게 해볼까요?

- 친구가 이해하지 못할 때 짜증 내지 않고 다른 방법으로 설명해주기
- 친구에게 "그건 나도 어려웠어. 같이 다시 해보자!"라고 말해주기

23

SEPTEMBER

무언가에 깊게 몰두한 시간, 내 하루를 더 알차게 만들어.

When I focus, my day gets better.

오늘 하루, 이렇게 해볼까요?

- ✓ 집중했던 활동 한 가지를 말해보기
- ✓ 집중한 시간에 대해 스스로 별점 매겨보기

7

APRIL

친구가 수업 시간에 과제를 마칠 때까지 조용히 기다릴 수 있어.

I can be patient and wait while my friend finishes in class.

오늘 하루, 이렇게 해볼까요?

☑ 수업 시간에 문제를 못 푼 친구를 위해 조용히 기다리기
☑ 친구에게 보여주고 싶은 것이 있어도 기다렸다가 쉬는 시간에 보여주기

22

SEPTEMBER

비록 느리더라도 꾸준하게 가볼 거야.

Even if I'm slow, I'll keep going.

오늘 하루, 이렇게 해볼까요?

- ⓥ 문제를 빨리 풀기보다 정확하게 푸는 연습하기
- ⓥ 이해가 안 되는 글 한 문장씩 소리 내어 읽기

8

APRIL

친구가 물건을 떨어뜨리면 나는 친절하게 주워줄 수 있어.

If a friend drops something, I'll pick it up.

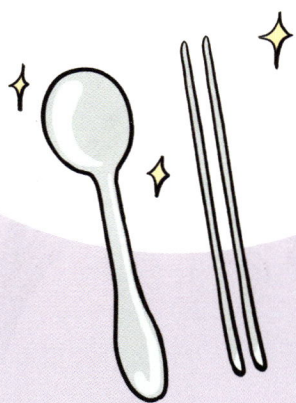

오늘 하루, 이렇게 해볼까요?

- ✓ 친구가 연필을 떨어뜨렸을 때 주워주기
- ✓ 친구가 밥 먹다가 수저를 떨어뜨렸을 때 함께 주워서 정리해주기

21

SEPTEMBER

집중할수록
마음이 더 편안해져.

The more I focus, the calmer I feel.

오늘 하루, 이렇게 해볼까요?

- ✓ 마음이 복잡할 땐 손으로 또박또박 글씨 써보기
- ✓ 마음을 가다듬고 깊게 숨 쉬는 시간 가져보기

9

APRIL

친구가 이야기를 하면 귀 기울여 들어줄 거야.

I'll listen carefully when my friend talks.

오늘 하루, 이렇게 해볼까요?

- 친구가 이야기할 때 친구 눈을 바라보며 들어주기
- 친구가 신나서 얘기할 때 친구 이야기를 다 들어준 뒤 내 이야기 하기

20

SEPTEMBER

나는 책을 한 줄 한 줄 주의 깊게 읽을 수 있어.

I can read each line with care.

오늘 하루, 이렇게 해볼까요?

- ✓ 책 한 페이지를 소리 내어 천천히 읽기
- ✓ 기억에 남는 문장을 표시해보기

10
APRIL

도울 일이 내 눈에 보이면 먼저 움직여서 도와줄 거야.

If I see someone who needs help, I can help first.

오늘 하루, 이렇게 해볼까요?

- ✓ 친구가 물을 쏟았을 때 같이 휴지로 닦아주기
- ✓ 친구가 무거운 책이나 가방을 들고 갈 때 함께 들어주기

19

SEPTEMBER

오늘 배운 걸 한 번 더 떠올리면, 더 많은 걸 익히게 될 거야.

When I go over what I learned, I understand more.

오늘 하루, 이렇게 해볼까요?

- ✓ 교과서를 펼쳐 오늘 배운 내용 다시 보기
- ✓ 수업 후 교과서 보며 궁금한 점 한 가지 적어보기

11
APRIL

공공장소에서는 작은 목소리로 대화할 거야.

I'll use a quiet voice in public.

오늘 하루, 이렇게 해볼까요?

✓ 도서관에서는 할 말이 있을 때 속삭이듯 작은 목소리로 말하기
✓ 지하철이나 버스 안에서는 목소리를 낮추기

18
SEPTEMBER

조심조심 주의해서, 안전하게 과학 실험을 할 거야.

**I'll be careful
and do my science experiment safely.**

오늘 하루, 이렇게 해볼까요?

✓ 실험 시작 전 준비물 확인하기
✓ 친구와 협동해서 과학 실험하기

12
APRIL

친구와 함께 놀 때 서로서로 양보하며 놀 거야.

When I play, I'll take turns.

오늘 하루, 이렇게 해볼까요?

- ✓ 친구가 속상해할 때 왜 속상한지 묻고 같이 해결 방법 찾기
- ✓ 친구가 조금 더 놀고 싶어할 때 정한 시간보다 5분만 더 같이 놀기

17

SEPTEMBER

좋아하는 일에 푹 빠진 나, 이런 내 모습이 너무 멋져.

I shine when I love what I do.

오늘 하루, 이렇게 해볼까요?

- ✓ 오늘 가장 하고 싶은 일을 먼저 정하기
- ✓ 끝까지 해낸 나를 멋지다고 말하기

13

APRIL

친구가 어려워할 때, 든든한 친구가 되어줄 거야.

When my friend is having a hard time, I'll be there for him.

오늘 하루, 이렇게 해볼까요?

✓ 친구가 수업 시간에 어려워하는 문제 도와주기
✓ 친구가 쓰기를 힘들어할 때 내 것을 보여주며 도와주기

16

SEPTEMBER

중간에 장난치지 않으면, 숙제를 뚝딱 끝낼 수 있어.

I can finish my homework when I don't play around.

오늘 하루, 이렇게 해볼까요?

- ✓ 쉽게 할 수 있는 숙제를 먼저 완료하기
- ✓ 숙제를 끝낸 후에 하고 싶은 즐거운 일, 미리 정해놓기

14

APRIL

수업 시간에 선생님 말씀을 끝까지 잘 들을 수 있어.

I will listen to my teacher all the way through.

오늘 하루, 이렇게 해볼까요?

- ✓ 궁금한 내용이 생겨도 기다렸다가 선생님 말씀이 끝나면 질문하기
- ✓ 수업 시간에 필요한 준비물(책, 필통)을 미리 준비해두기

15
SEPTEMBER

나는 숫자를 놓치지 않고 차근차근 계산할 수 있어.

I can do math step by step.

오늘 하루, 이렇게 해볼까요?

✓ 받아올림이나 받아내림을 주의하며 문제 풀기
✓ 계산 결과를 다시 한번 검산해보기

15

APRIL

친구에게 물건을 빌렸을 때 깨끗하게 돌려줄 수 있어.

If I borrow something, I'll return it clean.

오늘 하루, 이렇게 해볼까요?

- ☑ 친구의 지우개를 빌리면 부러지지 않게 조심히 쓰고 돌려주기
- ☑ 빌려준 물건에 대하여 꼭 고맙다고 말하기

14

SEPTEMBER

그만두지 않고 계속하면, 어려운 일도 해낼 수 있어.

I can do hard things if I don't give up.

오늘 하루, 이렇게 해볼까요?

- ✓ 어려운 문제에 도전해보기
- ✓ 포기하지 않고 만족스러울 때까지 해보기

16

APRIL

나보다 어린 동생에게 따뜻하게 친절을 베풀 거야.

I'll be kind to kids younger than me.

오늘 하루, 이렇게 해볼까요?

- ✓ 놀이터에서 동생들이 다치지 않게 조심히 놀기
- ✓ 동생이 모르는 걸 물어보면 짜증 내지 않고 천천히 알려주기

13

SEPTEMBER

나는 한번 시작하면 끝까지 하는 아이야.

I can finish what I start.

오늘 하루, 이렇게 해볼까요?

✓ 시작한 일은 꼭 마무리하기
✓ 마무리한 뒤 느낌을 말해보기

17
APRIL

나는 친구에게
발표 기회를 양보할 수 있어.

I can let my friend present before me.

오늘 하루, 이렇게 해볼까요?

- ✓ 짝 발표나 모둠 발표를 할 때 친구에게도 기회를 양보하기
- ✓ 친구가 발표 준비를 하고 있으면 방해하지 않고 조용히 기다려주기

12

SEPTEMBER

나는 지금 이 순간을 충실히 보낼 거야.

I'll make the most of this moment.

오늘 하루, 이렇게 해볼까요?

- ✓ 수업 시간에 딴짓하지 않고 집중하기
- ✓ 지금 하고 있는 일만 생각하며 행동하기

18

APRIL

부모님이 피곤해 보이면 조용히 나만의 시간을 가질래.

**If my parents look tired,
I'll give them quiet time.**

오늘 하루, 이렇게 해볼까요?

- 부모님이 피곤해 보일 때, 할 수 있는 집안일은 내가 하기
- 부모님께서 "조금만 있다가 해줄게"라고 하시면 잠시 기다리기

11
SEPTEMBER

주의를 기울이면 새로운 지식이 머리에 쏙 들어와.

Paying attention helps me learn new things fast.

오늘 하루, 이렇게 해볼까요?

- ✓ 오늘 배운 단어 5개를 소리 내어 세 번 읽기
- ✓ 새로 배운 단어로 예시 문장을 만들어보기

19
APRIL

들어오는 뒷사람을 위해 문을 잡고 기다려줄 수 있어.

I'll hold the door for the person behind me.

오늘 하루, 이렇게 해볼까요?

- ✓ 친구가 뒤따라 들어올 때 문을 잡고 기다려주기
- ✓ 엘리베이터 문이 닫히려고 할 때 사람이 오면 열림 버튼 누르기

10

SEPTEMBER

한눈팔지 않으면
더 많은 것을 배울 수 있어.

Focus more, learn more.

오늘 하루, 이렇게 해볼까요?

✓ 수업 시간에 선생님 말씀 귀 기울여 듣기
✓ 중요한 내용은 꼭 필기해서 기억하기

20
APRIL

친구가 실수해도 웃지 않고 진심으로 응원해줄 거야.

**I won't laugh at mistakes.
I'll cheer instead.**

오늘 하루, 이렇게 해볼까요?

- ✓ 친구가 발표를 잘하지 못하더라도 웃지 않고 응원해주기
- ✓ 체육 시간에 친구가 공을 놓치거나 넘어졌을 때 격려해주기

9

SEPTEMBER

한 번에 하나씩, 차근차근 끝까지 해볼 거야.

I'll finish one thing at a time.

오늘 하루, 이렇게 해볼까요?

- ✓ 오늘 할 일 목록을 적고 하나씩 완료해보기
- ✓ 한 가지 일을 마칠 때까지 다른 일을 시작하지 않기

21
APRIL

친구가 발표할 때 장난치지 않고 잘 들어줄 거야.

When my friend is presenting, I'll listen and not play around.

오늘 하루, 이렇게 해볼까요?

- ✓ 친구가 발표할 때 집중하도록 다른 소리를 내지 않고 잘 듣기
- ✓ 친구가 발표할 때 옆 친구와 소곤소곤 이야기 나누지 않기

8

SEPTEMBER

나는 나에게 딱 맞는 방법으로 공부할래.

I'll study in my own way.

오늘 하루, 이렇게 해볼까요?

- ✓ 집중할 때 도움이 되는 음악 들어보기
- ✓ 집중력을 높이는 나만의 도구 찾기 (예 연필, 책상)

22
APRIL

내가 먼저 골랐더라도 친구에게 흔쾌히 양보할 수 있어.

**Even if I pick first,
I can give my friend a turn.**

오늘 하루, 이렇게 해볼까요?

✓ 친구와 만들기 할 때 친구가 원하는 재료 먼저 고르게 해주기
✓ 도서관에서 친구와 같은 책을 골랐을 때 "먼저 읽어" 하며 양보하기

7
SEPTEMBER

방해를 받아도 다시 집중할 수 있어.

I can always focus again.

오늘 하루, 이렇게 해볼까요?

- ✓ 친구가 방해해도, 잠시 후 마음을 가라앉히기
- ✓ 다시 집중하기 위한 나만의 방법 찾기(예 깊게 숨 쉬기)

23

APRIL

운동 경기에서 졌을 때 친구들에게 힘내자고 말할 거야.

**If we lose a game,
I'll say, "Let's cheer up and try again."**

오늘 하루, 이렇게 해볼까요?

✓ 친구에게 "괜찮아, 우리 다음엔 더 잘할 수 있어!"라고 말해주기
✓ "이기려고 하는 게 아니라 재밌으려고 하는 거야!"라고 말해주기

6

SEPTEMBER

열중하는 시간이
점점 늘고 있어.

Each day, I focus longer.

오늘 하루, 이렇게 해볼까요?

- ✓ 집중이 잘 되는 장소 선택하기
- ✓ 어제보다 5분 더 길게 집중해보기

24
APRIL

몸이 약한 사람에게 자리를 양보할 수 있어.

**I can give my seat
to someone who needs it.**

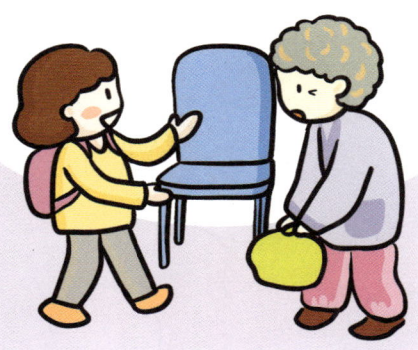

오늘 하루, 이렇게 해볼까요?

✓ 대중교통을 탈 때 할머니, 할아버지께 자리를 양보하기
✓ 몸이 힘든 친구에게 편한 자리를 먼저 권하기

5

SEPTEMBER

친구의 말에 귀를 기울일수록 웃는 일이 더 많아져.

Listening to friends brings more smiles.

오늘 하루, 이렇게 해볼까요?

✓ 친구가 얘기할 때 집중해서 듣기
✓ 친구가 한 말을 기억하고 다시 질문하거나 칭찬하기

25

APRIL

친구가 외로워 보일 때
먼저 다가가서 말을 건네볼 거야.

**If my friend looks lonely,
I'll go talk to them.**

오늘 하루, 이렇게 해볼까요?

✓ 점심시간에 반 친구가 혼자 앉아 있으면 "같이 놀래?"라고 말 걸기
✓ 모둠 활동할 때 소외된 친구가 있으면 함께 하자고 이야기하기

4
SEPTEMBER

무언가에 푹 빠져 있을 때면, 즐거워 시간 가는 줄 모르겠어.

When I focus, time flies and I'm happy.

오늘 하루, 이렇게 해볼까요?

- ✓ 내가 좋아하는 활동에 집중해보기
- ✓ 집중하고 난 뒤의 기분을 일기장에 써보기

26

APRIL

나보다 급한 친구에게 순서를 양보할 수 있어.

If someone's in a hurry, I'll let them go first.

오늘 하루, 이렇게 해볼까요?

- ✓ 화장실이 급한 친구에게 순서를 양보해주기
- ✓ 친구가 너무 배고파하면 급식 줄 순서를 양보해주기

3

SEPTEMBER

하루 한 번 심호흡, 나도 모르게 마음이 편안해져.

One deep breath a day keeps me calm.

오늘 하루, 이렇게 해볼까요?

- ✓ 집중하기 전, 크게 심호흡 해보기
- ✓ 천천히 코로 숨을 들이마시고, 천천히 입으로 숨을 내뱉기

27
APRIL

친구와 서로 나눌수록 우리의 마음은 더 커져.

Sharing with friends grows our hearts.

오늘 하루, 이렇게 해볼까요?

✓ 간식을 먹을 때, 친구에게 먼저 "같이 먹자"라고 이야기하기
✓ 간식을 같이 먹다 한 개가 남으면 친구에게 양보해주기

2

SEPTEMBER

다시 시작하는 새 학기, 학교생활이 무척 기대돼.

I'm excited about the new semester.

오늘 하루, 이렇게 해볼까요?

- ✓ 기대되는 2학기 과목이나 활동 떠올려보기
- ✓ 새 학기 첫날에 좋았던 일 가족에게 말해보기

28
APRIL

친구의 실수를 비밀로 지켜줄 거야.

I won't tell others about my friend's mistake.

오늘 하루, 이렇게 해볼까요?

- ✓ 친구가 맞춤법이 틀렸을 때 조용히 알려주기
- ✓ 친구가 실수를 해서 속상해할 때 조용히 위로해주기

1

SEPTEMBER

새 학기를 맞아, 한 단계 더 성장할 거야.

**In this new semester,
I'll take another step forward.**

오늘 하루, 이렇게 해볼까요?

- ✓ 이번 학기에 꼭 이루고 싶은 목표 세 가지를 노트에 적어보기
- ✓ 목표를 이루기 위한 첫 번째 행동을 오늘 바로 시작해보기

29

APRIL

깨끗한 지구를 위해 쓰레기가 보이면 치울 거야.

I will pick up trash to keep Earth clean.

오늘 하루, 이렇게 해볼까요?

- ✓ 쓰레기를 보면 주워서 휴지통에 버리기
- ✓ 공원 등에서 놀고 난 뒤, 내가 앉았던 자리를 깨끗하게 정리하기

9

SEPTEMBER

•

몰입의 달

새 학기에 적응하며

자신이 세운 목표를 돌아보고

새롭게 집중하는 달

최고의 순간은 자신이 하는 일에
완전히 몰입할 때 찾아온다.

The best moments come
when you're completely absorbed
in what you're doing.

— 미하이 칙센트미하이

30
APRIL

힘든 부모님을 위해
집안일을 조금씩 도울 거야.

**I'll help with chores
when my parents are tired.**

오늘 하루, 이렇게 해볼까요?

- ✓ 부모님과 함께 빨래 개기
- ✓ 부모님이 요리하실 때 수저를 식탁에 준비해두기

31

AUGUST

친구에게 내가 먼저 칭찬하는 말을 해줄 거야.

I'll say something kind to my friend first.

오늘 하루, 이렇게 해볼까요?

- ✓ 글씨가 예쁜 친구를 찾아 칭찬해주기
- ✓ 교실 청소를 성실히 하는 친구를 찾아 칭찬해주기

MAY

사랑의 달

항상 나의 곁을 지켜주는 가족과
친구들, 선생님의 소중함을 느끼는 달

**사랑은 어디에나 있어요.
나는 사랑하고, 사랑받는 사람이에요.**

Love is everywhere,
and I am loving and lovable.

— 루이스 헤이

30
AUGUST

친구의 재능을 부러워하기보다 나를 믿고 도전해볼 거야.

I'll believe in me, not envy others.

오늘 하루, 이렇게 해볼까요?

- ✓ 친구 글씨가 예쁠 때 나도 조금 더 반듯하게 다시 써보기
- ✓ 친구 그림이 멋져 보여도, 나는 내 방식으로 그려보기

1

MAY

나는 지금
내 모습 그대로가 참 좋아.

I like myself just the way I am.

오늘 하루, 이렇게 해볼까요?

- ✓ 거울 속의 나와 하이파이브 하기
- ✓ 내가 좋아하는 나의 모습 그리기 (예 책 읽는 나, 춤추는 나)

29
AUGUST

틀려도 괜찮아.
손 들고 발표해볼 거야.

It's okay to be wrong. I'll raise my hand.

오늘 하루, 이렇게 해볼까요?

- ✓ 손 들고 큰소리로 "제가 발표하겠습니다"라고 말해보기
- ✓ 발표하기 전에 숨을 깊게 세 번 쉬기

2

MAY

내 마음 속엔 언제나 나를 비춰주는 따스한 빛이 있어.

There's always a warm light shining inside me.

오늘 하루, 이렇게 해볼까요?

- ✓ 눈을 감고 손을 가슴에 얹은 후 마음속 빛을 조용히 느껴보기
- ✓ 나를 지켜주는 나만의 주문 만들기 (예 괜찮아, 나는 내 편이야.)

28
AUGUST

나는 책가방을 스스로 챙길 수 있는 멋진 어린이야.

I'm an awesome kid who can pack my own backpack all by myself.

오늘 하루, 이렇게 해볼까요?

- ✓ 저녁에 알림장 보고 준비물, 숙제 확인해 챙기기
- ✓ 학교 가기 전에 빠진 준비물이 없는지 다시 한번 챙기기

3

MAY

조금 서툴더라도
나는 나를 따뜻하게 안아줄 거야.

**Even if I'm clumsy,
I'll be kind to myself.**

오늘 하루, 이렇게 해볼까요?

- ✓ 양손으로 내 어깨를 가볍게 감싸 3초간 꼭 안아주기
- ✓ '나를 위로하는 말' 녹음해서 들어보기(예 넌 충분히 잘하고 있어.)

27
AUGUST

알람을 맞춰놓고 아침에 스스로 일어나볼 거야.

I'll set an alarm and try to wake up by myself in the morning.

오늘 하루, 이렇게 해볼까요?

- ✓ 몇 시에 일어날지 부모님과 상의해서 정하고 알람 맞추고 자기
- ✓ 알람 소리를 듣고 혼자 스스로 깨서 일어나기

4
MAY

혼자일 땐, 내 마음의 소리에 조용히 귀 기울여볼 거야.

**When I'm alone,
I listen quietly to my heart.**

오늘 하루, 이렇게 해볼까요?

- ✓ "나는 혼자 있어도 ○○할 수 있어요" 문장을 완성하기
- ✓ 혼자일 때 좋은 점 한 가지를 떠올려보기

26

AUGUST

처음엔 삐뚤빼뚤해도 계속하면 예쁜 모양이 나올 거야.

Even if it's messy at first, I'll get better.

오늘 하루, 이렇게 해볼까요?

- ✓ 색종이로 동서남북 접어보기
- ✓ 색종이로 비행기 접어보기

5

MAY

나는 소중하고, 사랑받을 자격이 있어.

I'm special and I deserve love.

오늘 하루, 이렇게 해볼까요?

- ✓ 나를 위한 응원 상자를 만들고 응원 문구를 써서 넣어보기
- ✓ '내가 나에게 주는 하트'를 그리고 꾸며보기

25
AUGUST

한 문장이라도 괜찮으니 우선 써볼 거야.

**Even just one sentence is okay.
I'll start writing.**

오늘 하루, 이렇게 해볼까요?

- ✓ 오늘 기분을 한 문장으로 써보기
- ✓ 나를 소개하는 말을 한 문장으로 써보기(예 저는 노래를 좋아하는 ○○입니다.)

6

MAY

나는 오늘도 나를 아끼고 사랑할 거야.

I will love myself today.

오늘 하루, 이렇게 해볼까요?

- ☑ 기분이 안 좋을 때 나를 돌보는 방법 세 가지 써보기
- ☑ 오늘 내가 나를 돌봐준 순간 떠올려보기

24

AUGUST

나는 아직 못 하지만 "할 수 있어"로 바꿔볼 거야.

**I'll change
"I can't" to "I can!"**

오늘 하루, 이렇게 해볼까요?

- ✓ 줄넘기 30초 동안 계속 하기
- ✓ 날아가는 종이비행기 받아보기

MAY

느려도 괜찮아.
나는 나만의 속도로 갈 거니까.

**It's okay to go slow.
I'll go at my own speed.**

오늘 하루, 이렇게 해볼까요?

- ✓ 느리게 해서 좋은 점 한 가지 적어보기
- ✓ 친구와 비교하지 않고 나에게 집중한 순간 떠올리기

23

AUGUST

어렵지만 신발 끈을 내 손으로 묶어볼 거야.

It's hard, but I'll try to tie my shoelaces by myself.

오늘 하루, 이렇게 해볼까요?

- ✓ 양 손으로 리본 모양 만드는 연습 해보기
- ✓ 부모님이 신발 끈을 어떻게 묶는지 꼼꼼히 관찰하고 따라 해보기

8
MAY

난 혼자가 아니야.
내 마음엔 늘 가족이 함께하고 있어.

**I'm not alone.
My family is in my heart.**

오늘 하루, 이렇게 해볼까요?

- ✓ 내 마음속 가족의 모습을 상상해보기
- ✓ 가족이 나를 사랑해준 순간 떠올려 이야기해보기

22
AUGUST

처음 보는 음식도 먹어볼래. 생각보다 맛있을 수 있어.

I'll try new food. It might taste good.

오늘 하루, 이렇게 해볼까요?

✓ 안 먹어본 음식 중 도전해볼 음식 한 가지 정하기
✓ 음식을 관찰한 후 내가 잘 먹는 음식 한 가지를 상상하며 먹어보기

9

MAY

가족의 웃음 덕분에
나도 웃게 돼.

My family's laughter makes me smile.

오늘 하루, 이렇게 해볼까요?

- ✓ 눈을 감고 가족과 함께했던 행복한 장면 떠올리기
- ✓ 가족의 웃는 얼굴을 상상하며 나도 웃어보기

21

AUGUST

오늘의 도전이 내일의 나를 더 멋지게 만들어줄 거야.

Today's challenges will make me even better tomorrow.

오늘 하루, 이렇게 해볼까요?

- ✓ 셀 수 있는 가장 큰 수까지 숫자 세보기
- ✓ 어려운 퍼즐에 도전해보기

10
MAY

집에는 사랑이 있어.
나는 언제나 그 사랑을 느껴.

**There's always love at home,
and I can feel it in my heart.**

오늘 하루, 이렇게 해볼까요?

- ✓ 내가 사랑하는 우리 집 그려보기
- ✓ 집에서 가장 좋아하는 물건 그려보기 (예 소파, 내 책상 등)

20

AUGUST

상상력을 발휘해서
나만의 이야기를 만들어볼 거야.

**I'm going to use my imagination
to create my very own story.**

오늘 하루, 이렇게 해볼까요?

- ✓ 나의 꿈속 나라 이야기를 만들어보기
- ✓ 웃긴 이야기를 써보고 가족들에게 들려주기

11

MAY

내 마음속 따뜻함을 친구에게 전해줄 거야.

I share the warmth in my heart with my friends.

오늘 하루, 이렇게 해볼까요?

- ✓ 응원하는 마음을 담아 친구와 하이파이브 해보기
- ✓ 친구 몰래 친구 책상 위에 응원 쪽지 붙여보기 (예 넌 충분히 멋져!)

19

AUGUST

나는 혼자서도 잘 수 있는 용감한 아이야.

I'm brave enough to sleep alone.

오늘 하루, 이렇게 해볼까요?

✓ 불 끄기 전 부모님께 꼭 안아달라고 말하기
✓ 내가 잘 장소에 포근한 쿠션이나 인형을 두고 안고 자보기

12
MAY

친구와 눈이 마주치면 내가 먼저 활짝 웃어줄 거야.

I'll smile first when I see my friend.

오늘 하루, 이렇게 해볼까요?

✓ 쉬는 시간, 눈이 마주친 3명에게 먼저 웃어주기
✓ 웃는 얼굴로 거울을 보며 기분의 변화 느껴보기

18
AUGUST

가족과 새로운 길로 저녁 산책을 가볼 거야.

I'm going to take an evening walk with my family on a new path.

오늘 하루, 이렇게 해볼까요?

- ✓ 가족과 함께 새로운 길을 산책하며 새로운 점 세 가지 찾아보기
- ✓ 다음번 산책에서 가고 싶은 새로운 길에 대해 이야기 나누기

13

MAY

친구와 함께 웃으면 우리의 우정이 더 깊어져.

When we laugh together, our friendship grows.

오늘 하루, 이렇게 해볼까요?

- ✓ 친구와 서로 눈 마주치며 10초 동안 웃어보기
- ✓ 친구들과 우리만의 비밀 암호 만들기(예 눈 찡긋, 손가락 하트 등)

17
AUGUST

책을 읽다 모르는 단어가 나오면 직접 찾아서 알아볼 거야.

If I find a word I don't know, I'll look it up.

오늘 하루, 이렇게 해볼까요?

- ✓ 앞뒤 내용을 생각하며 어떤 단어일지 예상해보기
- ✓ 모르는 단어, 사전에서 뜻 찾아보기

14
MAY

나는 짧은 말로도 사랑을 전할 수 있어.

I can share love with just a few words.

오늘 하루, 이렇게 해볼까요?

- ✓ 따뜻한 말로 친구에게 마음 표현해보기(예 고마워, 응원해 등)
- ✓ 기분 좋아지는 말 한 줄 적어보기(예 넌 오늘 멋졌어!)

16

AUGUST

새로운 걸 배운다는 건 재미있고 멋진 일이야!

Learning something new is fun and awesome!

오늘 하루, 이렇게 해볼까요?

- ✓ 공 튀기기 10번 해보기
- ✓ 좋아하는 동요의 가사를 외워 불러보기

15

MAY

나는 친구의 서운한 마음을 먼저 알아차리는 사람이야.

I try to see how my friend feels, even if they don't say it.

오늘 하루, 이렇게 해볼까요?

- ✓ 친구가 했던 뾰족한 말을 감정 단어로 바꿔보기 (예 서운함, 답답함)
- ✓ 그 상황 속에서 내가 느낀 감정을 솔직하게 적어보기

15

AUGUST

한 번 실패했다고 끝은 아니야. 다시 시작하면 돼!

**One failure isn't the end.
I can try again!**

오늘 하루, 이렇게 해볼까요?

✓ 일기를 쓸 때 맞춤법이 틀린 부분 다시 써보기
✓ 영어 책을 읽을 때 발음이 틀렸어도 다시 읽어보기

16

MAY

완벽하지 않아도 친구의 있는 모습 그대로가 좋아.

Even if my friends are not perfect, I like them just the way they are.

오늘 하루, 이렇게 해볼까요?

- ✓ 친구를 지켜보며 멋진 점 하나 찾아 말해주기
- ✓ 친구 칭찬 3초 챌린지: 친구의 장점 3초 안에 말해보기

14
AUGUST

해보기 전엔 잘 몰라.
그래서 도전해볼 거야!

I won't know until I try, so I'll try!

오늘 하루, 이렇게 해볼까요?

- ✓ 처음 먹어보는 음식 한 입 도전하기
- ✓ 이야기를 많이 해보지 않은 친구에게 인사하기

17
MAY

친구가 서툴러도 따뜻한 마음으로 바라볼 거야.

**If my friend is clumsy,
I'll still be kind.**

오늘 하루, 이렇게 해볼까요?

- ✓ 친구가 실수했을 때 해줄 수 있는 말 떠올려보기
- ✓ 말없이 눈으로 웃으면서 친구에게 따뜻한 마음 전해보기

13

AUGUST

작은 도전이라도 해낸다면
나 스스로를 크게 칭찬할 거야.

**Even a small challenge
deserves a big praise.**

오늘 하루, 이렇게 해볼까요?

- ✓ 거울 앞의 나를 보며 내가 도전했던 일 스스로 칭찬해보기
- ✓ 성공했든 실패했든, 내가 시도한 도전을 가족에게 자랑하기

18
MAY

친구가 힘들어할 때, 조용히 옆을 지켜줄 거야.

**If my friend is struggling,
I'll stay by their side.**

오늘 하루, 이렇게 해볼까요?

- ✓ 오늘 하루, 힘든 친구 곁을 조용히 지켜주기
- ✓ 친구를 위해 마음속 응원이나 기도 해보기

12

AUGUST

도서관에서 읽고 싶은 책을 직접 골라서 빌려볼 거야.

**At the library,
I'll choose my own book to borrow.**

오늘 하루, 이렇게 해볼까요?

- ✓ 도서관에서 마음에 드는 책 2권 선택해보기
- ✓ 고른 책을 가지고 대출대에서 "이 책 빌릴게요"라고 말해보기

19

MAY

나는 먼저 마음을 열어 우정을 키워나갈 거야.

I'll open my heart first and grow friendship.

오늘 하루, 이렇게 해볼까요?

- ☑ 친구에게 먼저 "안녕?" 하고 인사해보기
- ☑ 평소에 친하지 않던 친구에게 같이 놀자고 먼저 말해보기

11

AUGUST

놀이터에서 지금껏 안 해본 새로운 놀이를 시도해볼 거야.

I'll try a new game at the playground.

오늘 하루, 이렇게 해볼까요?

- ✓ 놀이터에서 내가 가장 높이 올라갈 수 있는 곳 정해서 올라가보기
- ✓ 철봉에 최대한 오래 매달려서 나만의 기록 다시 세우기

20

MAY

친구에게 서운한 마음이 들면, 차분하게 말해볼 거야.

**If I feel upset with a friend,
I'll share my feelings calmly.**

오늘 하루, 이렇게 해볼까요?

- ✓ 오늘 친구에게 서운했던 일을 글로 써보기
- ✓ 그 상황에서 친구에게 어떻게 말하면 좋았을지 말로 연습해보기

10

AUGUST

슈퍼에 가서 물건 값을 내가 직접 계산해볼 거야.

**At the store,
I can figure out how much things cost.**

오늘 하루, 이렇게 해볼까요?

- 내가 사고 싶은 물건의 가격 읽어보기
- 직접 계산대에 올리고 "계산해주세요"라고 말해보기

21

MAY

나도 사랑받고 있기에, 친구에게 사랑을 나눌 수 있어.

**Because I'm loved,
I can share love with my friends.**

오늘 하루, 이렇게 해볼까요?

- ✓ 오늘 하루, 주위 사람들에게 받은 친절을 떠올려보기
- ✓ 친절한 행동을 하고 난 후의 내 마음 말해보기

9
AUGUST

분리 수거는 문제없어.
나는 이제 잘할 수 있어.

**Recycling is no problem.
I can do it now.**

오늘 하루, 이렇게 해볼까요?

- ✓ 부모님과 함께 쓰레기를 분리 수거함에 넣기
- ✓ 페트병에서 라벨과 뚜껑을 떼어 분리해보기

22

MAY

선생님의 따뜻한 눈빛을 느끼면, 마음속에 용기가 솟아나.

My teacher's kind eyes make me feel brave.

오늘 하루, 이렇게 해볼까요?

- ✓ 교실에 들어올 때 선생님과 눈 마주치고 살짝 웃어보기
- ✓ 선생님의 눈빛을 문장으로 바꿔 말해보기 (예 괜찮아, 잘하고 있어.)

8
AUGUST

나는 하고 싶은 말을 솔직하게 말할 수 있어.

I can say what I want honestly.

오늘 하루, 이렇게 해볼까요?

- ✓ 친구에게 속상한 마음이 들 때 속상하다고 이야기하기
- ✓ 자기 전 부모님과 오늘의 기분이나 생각에 대해 이야기 나눠보기

23
MAY

나는 나를 믿어.
선생님의 믿음 덕분이야.

I believe in me,
because my teacher does too!

오늘 하루, 이렇게 해볼까요?

- ✓ 선생님이 나를 믿어준 순간 떠올리기
- ✓ 스스로를 믿는 문장 만들어보기 (예 나는 잘할 수 있어.)

7

AUGUST

처음이라서 서툰 거야.
계속하면 잘할 수 있어.

**It's hard at first.
If I keep going, I'll get better.**

오늘 하루, 이렇게 해볼까요?

- ✓ 양말을 벗을 때 바르게 벗어서 빨래통에 넣기
- ✓ 세탁된 빨래를 내가 정리해보기

24
MAY

선생님의 미소를 보면 내 마음이 가벼워져.

My heart feels lighter when I see my teacher's smile.

오늘 하루, 이렇게 해볼까요?

- ✓ 선생님의 웃는 얼굴과 내 얼굴을 나란히 그려보기
- ✓ 마음이 무거웠던 순간을 풍선에 담아 날려 보내는 상상해보기

6

AUGUST

즐겁게 식사 준비를 하며 부모님을 도와드릴 거야.

I'll help my parents by getting meals ready.

오늘 하루, 이렇게 해볼까요?

✓ 식사를 마친 후, 그릇을 설거지통에 넣기
✓ 식탁 정리 같이 하기

25

MAY

지금 이 순간, 함께할 수 있어서 행복해.

Just being together right now makes me happy.

오늘 하루, 이렇게 해볼까요?

- ✓ 함께 있어 고마운 친구 이름 적어보기
- ✓ 교실에서 마음이 따뜻했던 순간을 그림으로 그려보기

5

AUGUST

도전하는 순간부터
나는 이미 멋진 사람이야.

**From the moment I try,
I'm already cool.**

오늘 하루, 이렇게 해볼까요?

- ✓ "나 지금 ○○을 도전 중이야"라고 가족 앞에서 선언하기
- ✓ 부모님과 간단한 요리 해보기(예 과일 썰기, 계란 풀기 등)

26
MAY

내 마음이 자라는 이 공간을 소중히 여기고 사랑할 거야.

**I'll love this place
because it helps my heart grow.**

오늘 하루, 이렇게 해볼까요?

- ✓ 내가 좋아하는 교실 속 공간 그리기
- ✓ 교실을 소중히 사용하는 방법 세 가지 떠올려보기

4
AUGUST

안 된다고 말하기보다는 한번 해보자고 내게 말할 거야.

I'll tell myself, "Let's try!" not "I can't."

오늘 하루, 이렇게 해볼까요?

- ✓ 평소 읽던 책보다 조금 더 두꺼운 책 도전해서 읽어보기
- ✓ 그려본 적 없는 것을 한번 그려보기(로봇, 인형 등)

27
MAY

사랑이 듬뿍 담긴 밥 덕분에 몸과 마음이 쑥쑥 자라고 있어.

Good food helps me grow strong.

오늘 하루, 이렇게 해볼까요?

- ✓ 급식 먹기 전 "잘 먹겠습니다" 말하고 감사한 마음으로 먹기
- ✓ 내가 가장 좋아하는 급식 메뉴 그려보기

3

AUGUST

어려운 문제에 도전하는 내가 정말 대단해.

Trying tough problems makes me awesome.

오늘 하루, 이렇게 해볼까요?

- ✓ 어려워서 별표 쳤던 문제 찾아서 풀어보기
- ✓ "모르겠어요" 대신 "생각해볼게요"라고 말해보기

28
MAY

나를 도와주는 작은 물건들을 아끼고 소중히 다룰 거야.

I'll take care of the little things that help me.

오늘 하루, 이렇게 해볼까요?

✓ 나에게 도움을 주는 물건을 하나 골라 감사함을 느껴보기
✓ '내 물건을 아끼는 행동'을 한 가지 골라 실천하기 (예 가방 정리)

2

AUGUST

이번 방학 계획은 나를 건강하게 만들 거야.

My vacation plan will make me healthy.

오늘 하루, 이렇게 해볼까요?

- ✓ 오늘 하루 해야 할 일 세 가지 써보기
- ✓ 규칙적인 생활을 위한 하루 계획표 세우기

29

MAY

오늘 하루도 마음을 나누며 소중하게 보낼 거야.

I'll share my heart today and have a great day.

오늘 하루, 이렇게 해볼까요?

- ✓ 나와 연결된 사람(친구, 선생님, 가족 등) 이름 적어보기
- ✓ 그중 한 사람과 서로 10초 동안 눈을 마주 보며 미소 짓기

1

AUGUST

방학에는 평소에 하기 어렵던 새로운 도전을 해볼 수 있어.

On vacation, I can try new challenges.

오늘 하루, 이렇게 해볼까요?

☑ 새로운 취미(운동, 악기 연주 등) 시작하기
☑ 방학 때 꼭 하고 싶은 일 세 가지 정하기

30
MAY

나는 친구와 함께 매일 특별하게 보낼 거야.

Every day with my friends is special.

오늘 하루, 이렇게 해볼까요?

- ✓ 오늘 친구와 즐거웠던 순간을 그림으로 그려보기
- ✓ 친구와 함께 할 놀이를 계획하고 실천해보기

8
AUGUST

•

도전의 달

새 학기를 준비하며

지난 학기에 하지 못한 다양한 활동을

시도하고 도약하는 달

이미 이룬 것은 눈에 잘 띄지 않고,
오직 앞으로 해야 할 일만 보인다.

One never notices what has been done;
one can only see what remains to be done.

— 마리 퀴리

31
MAY

내 마음 속 사랑이
오늘 하루를 반짝반짝 빛나게 해.

The love in my heart makes today shine.

오늘 하루, 이렇게 해볼까요?

- ⓥ 친구와 함께 좋아하는 노래 불러보기
- ⓥ 내가 가장 좋아하는 공간을 찾아가 잠시 쉬어보기

31

JULY

잘 쉬고 활기차게 움직이며, 몸과 마음의 건강을 지킬 거야.

I'll rest well, move with energy, and stay healthy.

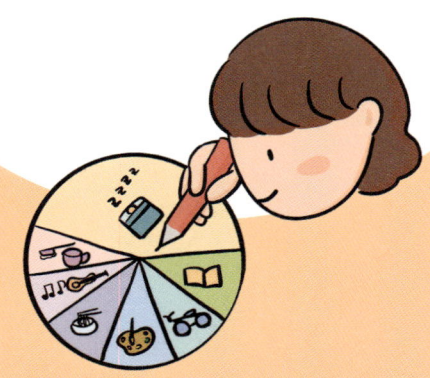

오늘 하루, 이렇게 해볼까요?

- ✓ 가족과 함께 각자의 수면 시간이 얼마나 되는지 이야기 나눠보기
- ✓ 방학 계획표에서 수정이 필요한 부분 고치기

6
JUNE

●

책임의 달

나의 작은 책임이

모두에게 도움이 되는 것을 믿고

기꺼이 해내는 달

**작은 일에도 책임을 다하는 사람이
큰일도 해낼 수 있다.**

If you do small things responsibly,
you can do big things too!

― 조지 워싱턴

30

JULY

친구의 좋은 습관이나 장점을 배워볼 거야.

I'll learn good habits and strengths from my friends.

오늘 하루, 이렇게 해볼까요?

✓ 친구와 서로 좋은 점 한 가지씩 말해주기
✓ 꼭 배우고 싶은 습관 한 가지를 포스트잇에 써서 잘 보이는 곳에 붙이기

1

JUNE

나는 내가 해낸 일을 통해 더 단단해지고 있어.

What I do makes me strong.

오늘 하루, 이렇게 해볼까요?

- ✓ 오늘 해야 할 숙제를 끝까지 마무리하기
- ✓ 오늘 내가 끝낸 일을 일기에 자랑스럽게 적어보기

29

JULY

긍정적인 마음은
나를 더욱 성장하게 할 거야.

Positive mind helps me grow.

오늘 하루, 이렇게 해볼까요?

- ✓ 쉴 때 들으면 좋은 노래나 활동을 정해서 실천하기
- ✓ "나는 매 순간 자라고 있다!"라고 거울을 보며 말해보기

2

JUNE

나는 내 물건을 스스로 잘 챙기는 사람이야.

I take care of my things all by myself.

오늘 하루, 이렇게 해볼까요?

- ✓ 내 가방 스스로 정리하기
- ✓ 알림장을 확인하여 준비물 스스로 챙기기

28
JULY

다투고 화해하는 과정에서 서로 잘 이해하게 될 거야.

Fighting and making up helps me understand friends.

오늘 하루, 이렇게 해볼까요?

- ✓ 화내지 않고 자신의 감정을 제대로 말하기
- ✓ 진심을 담아 사과하는 마음을 충분히 표현하기

3

JUNE

나는 맡은 일에 최선을 다하는 사람이야.

I always do my best.

오늘 하루, 이렇게 해볼까요?

- ✓ 모둠에서 맡은 역할에 최선을 다하기
- ✓ 숙제, 정리, 공부 등 한 가지 일에 끝까지 집중하기

27
JULY

어제보다 조금 더
나아진 내가 될 거야.

Each day I'll be a little better than yesterday.

오늘 하루, 이렇게 해볼까요?

- 어제보다 잘 해보고 싶은 것이나 잘하게 된 것을 적어보기
- 아주 작은 성장에도 기뻐하며 "역시 해낼 줄 알았어!"라고 말하기

4
JUNE

나는 내가 해야 할 일을 미루지 않아.

I do what I need to do right away.

오늘 하루, 이렇게 해볼까요?

- ✓ "좀 이따가" 말고, 지금 바로 해보는 연습하기
- ✓ 오늘 꼭 해야 할 일 세 가지 적어보기

26
JULY

세상의 다양한 장소와 문화를 경험하며 성장해나갈 거야.

**I learn and grow
by seeing new places and people.**

오늘 하루, 이렇게 해볼까요?

- ✓ 여행해보고 싶은 곳을 인터넷으로 검색하거나 책 찾아보기
- ✓ 당일, 1박 2일 등 여건에 맞게 여행 일정 짜보기

5

JUNE

나는 내게 주어진 역할을 소중하게 생각해.

I know my part is important.

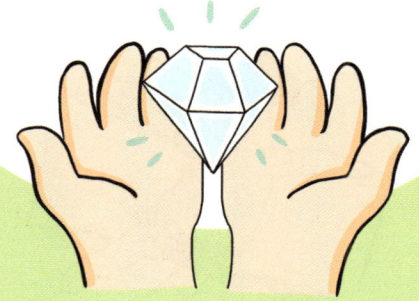

오늘 하루, 이렇게 해볼까요?

- ✓ 학교에서 내가 해야 할 일 열심히 하기
- ✓ 집에서 나의 역할을 찾아 가족에게 도움 주기

25
JULY

흥미로운 책들을 읽으며
상상력을 넓혀나갈 거야.

**I will read interesting books
and grow my imagination.**

오늘 하루, 이렇게 해볼까요?

☑ 방학 동안 읽을 책 목록 10권 이상 적어보기
☑ 가족이나 친구와 함께 읽고 이야기 나눠볼 책 한 권 정해보기

6

JUNE

나는 내 주변을 깨끗하게 정돈할 수 있어.

I can keep my space clean.

오늘 하루, 이렇게 해볼까요?

- ✓ 연필, 공책, 지우개 등 학용품을 제자리에 놓기
- ✓ 내 것이 아니더라도 교실에서 쓰레기가 보이면 치우기

24
JULY

나는 과정 속에서 배우고, 실수를 통해 성장하고 있어.

Mistakes help me learn and grow.

오늘 하루, 이렇게 해볼까요?

- ✓ 실수하거나 실패한 작품도 그대로 전시해보기
- ✓ 오늘 한 작은 실수와 배운 점을 노트에 그림과 함께 적어보기

7

JUNE

나는 약속을 잘 지키려고 노력하는 사람이야.

I try to keep my promises.

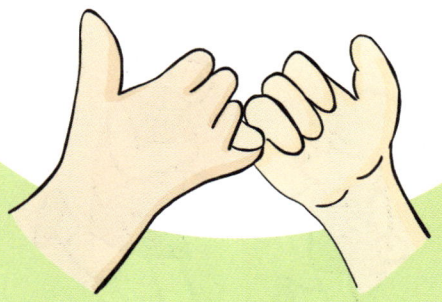

오늘 하루, 이렇게 해볼까요?

- ✓ 친구와의 약속, 기억해야 할 일은 메모해두기
- ✓ 약속 시간에 늦지 않기 위해 10분 일찍 준비하기

23

JULY

내 몸은 날마다 더 튼튼해지고 있어.

My body gets stronger every day.

오늘 하루, 이렇게 해볼까요?

- ✓ 나만의 운동 챌린지 만들어서 시작해보기 (예 5000걸음 이상 걷기)
- ✓ 가족과 함께하는 운동 한 가지 선택해서 함께 운동하기

8
JUNE

나는 내가 한 말에 책임을 지는 사람이야.

I keep my word.

오늘 하루, 이렇게 해볼까요?

- ✓ 말하기 전에 한 번 더 생각해보기
- ✓ 내가 한 약속이나 말은 꼭 지키려고 노력하기

22

JULY

나는 즐겁게 배우는 나만의 방법을 찾아볼 거야.

I'll find my own fun way to learn.

오늘 하루, 이렇게 해볼까요?

- 나에게 맞는 학습 방법 찾아보기 (예 그림을 그리는 방법, 영상을 보는 방법 등)
- 새로 배워보고 싶었던 운동이나 취미활동 계획해보기

9

JUNE

나는 내 실수를 인정할 줄 알아.

I'm brave enough to say when I make a mistake.

오늘 하루, 이렇게 해볼까요?

- ✓ 실수했을 때 숨기지 않고 솔직하게 말하기
- ✓ 다른 사람의 실수도 이해하려고 노력하기

21
JULY

나는 내 몸과 마음을 스스로 잘 돌보는 사람이야.

I look after my body and mind on my own.

오늘 하루, 이렇게 해볼까요?

- ✓ 아침에 일어나 내 몸을 돌보는 딱 한 가지를 골라 실천하기
- ✓ 마음 응급 키트 만들기(예 나를 위로하는 말 등을 봉투에 모아두기)

10
JUNE

나는 맡은 일에 최선을 다하는 사람이야.

I try my best in everything I do.

오늘 하루, 이렇게 해볼까요?

- ✓ 대충 하지 않고 끝까지 정성을 다하기
- ✓ 맡은 일을 끝낸 뒤 스스로 칭찬해보기

20

JULY

나는 내 삶을 멋지게 바꿀 수 있는 사람이야.

I can make my life better.

오늘 하루, 이렇게 해볼까요?

- ✓ 원래 하던 활동을 새로운 공간에서 시도해보기
- ✓ 나를 변화시키는 작은 습관을 하나 골라 3일 동안 연속으로 해보기

11

JUNE

힘들어도 끝까지
해보려고 노력할 거야.

**I keep going,
even when things get hard.**

오늘 하루, 이렇게 해볼까요?

- ✓ 중간에 포기하고 싶을 때 딱 1분만 더 해보기
- ✓ 힘들 땐 5분만 쉬고 다시 도전하기

19
JULY

나는 못하는 것보다 지금 할 수 있는 것부터 해볼 거야.

I'll try what I can do first, not worry about what I can't.

오늘 하루, 이렇게 해볼까요?

- ✓ 목표를 잘게 쪼개어 실천해보기 (예 윗몸 일으키기 3회, 책 10줄 읽기 등)
- ✓ 방학 숙제 중에 가장 작은 일부터 시작해보기

12

JUNE

오늘 해낸 작은 일이
나를 성장시킨다고 믿어.

**I believe that small things I do today
make me better.**

오늘 하루, 이렇게 해볼까요?

- ✓ 스스로에게 "너 참 잘하고 있어" 말해주기
- ✓ 오늘 이뤄낸 작은 성취를 일기장에 적어보기

18
JULY

혼자일 때보다 함께할 때 더 크게 성장할 수 있어.

I can grow even more when I learn and share with others.

오늘 하루, 이렇게 해볼까요?

- 형제 또는 친구와 협동해서 간단한 간식 만들어보기
- 친구나 가족에게 평소에 힘들었던 일에 도움을 요청해보기

13
JUNE

해야 할 일과 하고 싶은 일을 나는 잘 구분할 수 있어.

I can tell what I have to do from what I want to do.

오늘 하루, 이렇게 해볼까요?

- ✓ 하루 계획을 해야 할 일과 하고 싶은 일로 나눠 적어보기
- ✓ 해야 할 일과 하고 싶은 일의 우선 순위 정해보기

17
JULY

성공은 매일매일 쌓아가는 거야.

I work toward success, one step at a time.

오늘 하루, 이렇게 해볼까요?

- ✓ 나를 성장시킬 수 있는 생활 공식 만들기 (예 아침에 일찍 일어나기 + 물 마시기)
- ✓ 어제보다 오늘 더 잘한 점 하나를 찾아서 가족들에게 말하기

14
JUNE

나는 내 물건을 소중하게 다룰 수 있어.

I take good care of my things.

오늘 하루, 이렇게 해볼까요?

- ✓ 물건이 더럽혀지거나 망가지지 않도록 조심히 다루기
- ✓ 버리기 전에 고치거나 다시 써보기

16
JULY

나는 차근차근 배우며 자신감을 키워나갈 거야.

I'll grow confidence step by step.

오늘 하루, 이렇게 해볼까요?

- ✓ 궁금한 점이나 몰랐던 것을 솔직히 써보고 친구들과 이야기 나누기
- ✓ 새로운 단어 하나를 찾아서, 문장을 쓸 때 사용해보기

15
JUNE

나는 어려운 일이 닥쳐도 도망가지 않고 마주할 수 있어.

I don't run away when things get hard.

오늘 하루, 이렇게 해볼까요?

- ✓ 도움이 필요할 땐 용기 내어 도움 청하기
- ✓ 어려운 문제를 만나면 "한 번 더 해보자"라고 생각하기

15
JULY

잘하고 싶은 마음을 행동으로 옮겨볼 거야.

I'll turn my wish to do well into action.

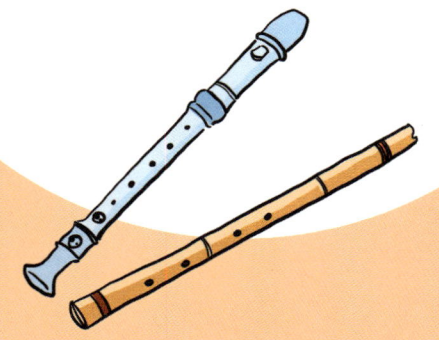

오늘 하루, 이렇게 해볼까요?

- ✓ 오늘 잘하고 싶은 일 한 가지를 포스트잇에 적어 벽에 붙이기
- ✓ 하루 중 언제 할지 구체적인 실천 계획을 세워 시도해보기

16

JUNE

나는 내 속도에 맞춰 꾸준히 성장하고 있어.

I keep growing at my own speed.

오늘 하루, 이렇게 해볼까요?

- ✓ 다른 사람과 비교하지 않고 어제보다 나아진 나를 떠올리기
- ✓ 잘하지 못해도 "괜찮아, 배우는 중이야"라고 말해주기

14

JULY

지금 배우는 모든 것이 나를 성장하게 하고 있어.

Everything I'm learning right now is helping me grow.

오늘 하루, 이렇게 해볼까요?

- ✓ 오늘 배운 것 중 하나를 그림이나 짧은 말로 기록하기
- ✓ 친구와 쉬는 시간에, 오늘 배운 것 한 가지를 서로에게 가르쳐주기

17
JUNE

나는 누가 보지 않아도 최선을 다하는 사람이야.

I do my best even when no one is watching.

오늘 하루, 이렇게 해볼까요?

- ✓ 내가 스스로 한 행동에 자부심 갖기
- ✓ 나 자신이 만족할 만큼 노력해보기

13
JULY

열심히 노력하는 시간이 결과보다 더 소중해.

I care more about trying hard than just the result.

오늘 하루, 이렇게 해볼까요?

- 오늘 노력한 일을 하나 적고, 그때 내 기분도 같이 써보기
- 완성품이 아니라 중간 과정을 사진으로 남겨보기

18
JUNE

나는 우리 반에 좋은 영향을 주는 사람이야.

I bring good energy to my class.

오늘 하루, 이렇게 해볼까요?

- ✓ 친구에게 친절하게 행동하고 다정하게 말하기
- ✓ 말을 하기 전에 친구에게 '좋은 말'인지 한 번 더 생각하기

12

JULY

나는 여름방학을 나만의 색으로 그려나갈 거야.

I'll color my summer break in my own way.

오늘 하루, 이렇게 해볼까요?

- ✓ 내가 좋아하는 여름 활동 리스트 만들기
- ✓ 가족과 함께 하고 싶은 여름 활동 목록 만들기

19
JUNE

나는 힘든 일도 배움의 일부라고 생각해.

I believe that hard things are part of learning.

오늘 하루, 이렇게 해볼까요?

- ✓ 모르는 걸 부끄러워하지 않고 물어보기
- ✓ 마음을 바꾸면 상황이 다르게 보인다는 사실 떠올리기

11
JULY

나는 나 자신을 알기 위해 계속 질문할 거야.

**I ask myself questions
to learn more about myself.**

오늘 하루, 이렇게 해볼까요?

- ✓ "나는 어떤 사람이 되고 싶지?" 스스로 물어보고 답해보기
- ✓ 나에게 던지고 싶은 질문을 포스트잇에 적어보기

20
JUNE

나는 적당히 하기보다 될 때까지 한 번 더 해볼 거야.

I'll keep trying until I get it.

오늘 하루, 이렇게 해볼까요?

- ✓ 숙제를 끝낸 뒤, 틀린 곳이 없는지 검토해보기
- ✓ 줄넘기, 달리기 등에서 정해진 횟수보다 한 번 더 해보기

10
JULY

오늘의 나를 지켜줄
나만의 규칙을 만들어볼 거야.

I'm going to make my own rules to guide me today.

오늘 하루, 이렇게 해볼까요?

- ✓ 나만의 규칙에 포함되어야 할 사항 생각해보기
- ✓ 규칙을 지키기 위한 방법, 규칙을 안 지켰을 때의 해결 방법 적어보기

21
JUNE

나는 급식 시간에 질서를 지킬 수 있어.

I follow the rules at lunch.

오늘 하루, 이렇게 해볼까요?

✓ 줄을 바르게 서서 내 차례 기다리기
✓ 급식을 다 먹은 뒤, 내 자리를 깔끔하게 정리하기

9
JULY

나는 지루한 순간도 재밌는 순간으로 바꿀 수 있어.

I can turn boring moments into fun.

오늘 하루, 이렇게 해볼까요?

- ✓ 하루 중 지루함을 느끼는 시간을 떠올려보기
- ✓ 지루함을 탈출하기 위한 나만의 재밌는 방법 생각해보기

22
JUNE

나는 내 자리와 주변을 깨끗하게 만들 수 있어.

I can keep my desk and the area around me clean.

오늘 하루, 이렇게 해볼까요?

- ✓ 교실 쓰레기를 발견하면 쓰레기통에 바로 버리기
- ✓ 내 자리뿐 아니라 짝꿍 자리도 챙기기

8

JULY

나는 나를 도와줄 멋진 도구를 잘 알고 있어.

I know the cool tools that help me.

오늘 하루, 이렇게 해볼까요?

- ✓ 타이머, 달력, 메모지 등 나에게 맞는 도구를 선택해보기
- ✓ '나만의 성장 도구'를 선택해서 활용 계획 세우기

23
JUNE

나는 실수했을 때 용기 있게 인정할 수 있어.

**When I make a mistake,
I can say it honestly.**

오늘 하루, 이렇게 해볼까요?

- ☑ 친구의 실수를 이해해주기 위해 노력하기
- ☑ "내가 실수했어"라고 먼저 말하는 연습을 해보기

7
JULY

나는 나에게 꼭 맞는 하루 리듬을 찾을 거야.

I'll find a daily rhythm that fits me.

오늘 하루, 이렇게 해볼까요?

- ✓ 내 몸이 편안하게 쉴 수 있는 시간 찾아보기
- ✓ 나에게 맞는 수면 리듬 찾아보기

24
JUNE

나는 교실 물건을 소중하게 다룰 거야.

I take care of our classroom stuff.

오늘 하루, 이렇게 해볼까요?

- ✓ 앉을 때 의자를 조용히 밀기
- ✓ 책상 위에 낙서하지 않기

6
JULY

집에서나 밖에서나, 나는 책임감 있는 사람이야.

I try to be responsible at home and outside.

오늘 하루, 이렇게 해볼까요?

- ✓ 집안일 역할 정해서 방학 동안 실행해보기
- ✓ 나의 역할을 메모지에 써서 벽에 붙이고, 완료하면 체크 표시하기

25
JUNE

나는 쉬는 시간과 수업 시간을 잘 구분해서 행동할 거야.

I know how to behave well during break time and class time.

오늘 하루, 이렇게 해볼까요?

- ✓ 수업 종이 울리면 자리에 앉기
- ✓ 준비물을 책상 위에 미리 꺼내두기

5
JULY

나는 내 시간을 소중하게 여길 거야.

I'll use my time in a good way.

오늘 하루, 이렇게 해볼까요?

- ✓ 하루 중 게임 시간과 유튜브 시청 시간 정해두기
- ✓ '잘 보낸 시간'과 '아쉬운 시간'을 구분해보기

26
JUNE

나는 수업 준비를 미리 해둘 거야.

I get ready for class in advance.

오늘 하루, 이렇게 해볼까요?

- ✓ 수업 전에 공책, 교과서, 필기도구 미리 꺼내기
- ✓ 수업 내용을 미리 훑어보거나 필요한 자료 챙기기

4
JULY

나는 궁금한 게 생기면, 끝까지 알아볼 거야.

**When I'm curious,
I don't give up until I find the answer.**

오늘 하루, 이렇게 해볼까요?

- ✓ 궁금한 것을 책이나 인터넷으로 직접 찾아보기
- ✓ 가족에게 새롭게 알게 된 내용 알려주기

27
JUNE

나는 내 물건뿐 아니라 남의 물건도 소중하게 다룰 거야.

I'll take care of my things and other people's things too.

오늘 하루, 이렇게 해볼까요?

- ✓ 교실의 가위, 풀, 칠판 지우개 등을 조심히 다루기
- ✓ 친구의 물건을 내 물건처럼 소중하게 다루기

3

JULY

방학 동안 내 공간을
항상 깨끗하게 유지할 거야.

**I'll keep my space clean
during my vacation.**

오늘 하루, 이렇게 해볼까요?

✓ 하루에 10분 규칙적으로 방 정리 시간 만들기
✓ 정리 후 인증 사진 찍어서 방학 기록으로 남기기

28
JUNE

나는 학교 일에
적극적으로 참여해볼 거야.

I'll help out and join school things.

오늘 하루, 이렇게 해볼까요?

✓ 학교 행사나 활동에 적극적으로 참여하기
✓ 학교 게시판이나 알림장을 꼼꼼하게 살펴보기

2
JULY

새로운 것을 배우기 위해 한 걸음 내딛어볼 거야.

I'll take a step to learn new things.

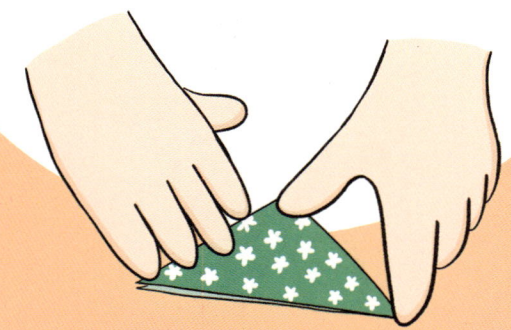

오늘 하루, 이렇게 해볼까요?

- ✓ 방학 동안 처음 해보는 종이접기 도전하기
- ✓ 익숙하지 않은 책 한 권 읽어보기

29
JUNE

나는 우리 반을 행복하게 만들 수 있어.

I can make my class happy.

오늘 하루, 이렇게 해볼까요?

- ✓ 친구와 선생님에게 밝은 인사와 따뜻한 말 먼저 건네기
- ✓ 친구의 발표에 박수와 응원 보내기

1
JULY

나는 방학 동안 계획을 스스로 세우고 실천할 거야.

On vacation, I'll make a plan for myself and stick to it.

오늘 하루, 이렇게 해볼까요?

✓ 내가 세운 계획에 따라 공부와 놀이 시간 지키기
✓ 하루를 마무리하며 오늘의 계획 점검하기

30
JUNE

나는 우리 반의 어려운 일을 함께 해결하는 사람이야.

**I am someone
who helps solve problems in our class.**

오늘 하루, 이렇게 해볼까요?

- ✓ 친구 사이에 갈등이 생기면 두 친구의 말을 모두 들어주기
- ✓ 반에서 내가 할 수 있는 역할 찾아보기

JULY

•

성장의 달

여름방학 동안

자기주도적인 생활을 하며

한층 더 자라는 달

성장한다는 것은 언제나
안전지대 밖으로 나아가는 것을 의미한다.

Growing up means always moving out of the safe zone.

— 존 C. 맥스웰